팀 켈러의
복음과 삶

Gospel in Life Study Guide: Grace Changes Everything
Copyright © 2010 by Timothy Keller
Korean Translation Copyright © 2018 by Duranno Ministry

This Korean edition published by arrangement
with Timothy Keller c/o McCormick Literary, New York,
through Duran Kim Agency, Seoul

팀 켈러의
복음과 삶

지은이 | 팀 켈러
옮긴이 | 오종향
초판 발행 | 2018. 9. 20
8쇄 발행 | 2024. 4. 25
등록번호 | 제1988-000080호
등록된 곳 | 서울특별시 용산구 서빙고로65길 38
발행처 | 사단법인 두란노서원
영업부 | 2078-3333 FAX | 080-749-3705
출판부 | 2078-3332

책값은 뒤표지에 있습니다.
ISBN 978-89-531-3251-1 03230
독자의 의견을 기다립니다.
tpress@duranno.com   www.duranno.com

두란노서원은 바울 사도가 3차 전도 여행 때 에베소에서 성령 받은 제자들을 따로 세워 하나님의 말씀으로 양육
하던 장소입니다. 사도행전 19장 8-20절의 정신에 따라 첫째 목회자를 돕는 사역과 평신도를 훈련시키는 사역,
둘째 세계선교™와 문서선교단행본·잡지 사역, 셋째 예수문화 및 경배와 찬양 사역, 그리고 가정·상담 사역 등을 감
당하고 있습니다. 1980년 12월 22일에 창립된 두란노서원은 주님 오실 때까지 이 사역들을 계속할 것입니다.

팀 켈러의

복음과 삶

팀 켈러 지음

오종향 옮김

두란노

Contents

Part 2

복음이 '사람의 마음'을
어떻게 변화시키는가

Part 5

복음은
우리의 영원을
바꾼다

이 책의 사용법

이 책은 8주에 걸친 심화 코스로서, 복음에 대해, 그리고 복음이 삶의 전 영역에 어떻게 실현되는지에 대해 다룬다. 첫째로는 당신의 마음속에, 그 다음은 당신의 공동체에, 이어서 온 세상 속에 말이다.

1주는 도시라는 주제로 이 책을 시작한다. 우리의 거주지이며 세상의 현주소인 도시에 대해 다룬다. 마지막 8주는 앞으로 다가올 영원한 도시로 이 과정을 마감한다. 영원한 도시는 당신의 하늘의 집이고, 오늘 세상을 말한다.

그 사이는 복음이 우리의 마음을 어떻게 달라지게 하는지(2주와 3주), 공동체를 어떻게 변화시키는지(4주와 5주), 그리고 세상을 어떻게 달라지게 하는지(6주와 7주)를 다룰 것이다.

이 교재의 특징은, 개인이 미리 예습할 수 있는 '홈 스터디'(Home Study)와 소그룹이 함께 모여 공부할 수 있는 '그룹 스터디'(Group Study)로 이루어져 있다는 점이다. 소그룹과 함께 성경공부를 하기 전에 미리 그 주제에 대해 충분한 이해를 할 수 있도록 돕는다. 대략 1시간 정도 준비할 수 있도록 되어 있다.

그룹 스터디는 다음과 진행하면 된다.

10분 - 지난 과 요약 및 정리
20분 - 성경 본문 연구
25분 - 그룹 토론
5분 - 다음 과 소개 및 과제 안내

시간에 대한 배분은 꼭 이렇게 정해진 것이 아니라, 소그룹의 상황에 따라 적절하게 사용하면 좋을 것 같다. 예를 들어 찬양 부르기, 함께 식사하기 등 공동체를 세우는 데 도움이 되는 것이 있다면 어떤 것이든지 추가하도록 하라. 결론적으로 이 책은 성경 본문 연구, 토의 질문, 홈 스터디로 구성되어 있으며, 홈 스터디에서는 다양한 읽을거리, 인용문구, 실습, 질문, 각 과의 주제에 대한 심화 연구로 구성되어 있다. 이 책 뒷부분에는 인도자들을 위한 지침이 더 풍성하게 수록되어 있다. 이 책을 통해 우리의 삶의 길이 더욱더 복음으로 새로워지기를 소망한다.

Part 1

우리가 살고 있는

세상은

어떤 모습인가

Chapter 1

도시

지금 내가 살고 있는 세상의 모습

그룹 스터디(Group study)

1과 그룹 스터디

— 성경 본문 연구

먼저 기도로 시작하라. 하나님이 그룹 가운데 일하시도록 기도하라. 이어서 예레미야 29장 4-14절을 소리 내어 읽으라.

BC 586년에 예루살렘은 파괴되었고 유대 사회의 지도층은 바벨론으로 강제 이주되었다. 고관들과 기능공과 토공들이 포로로 잡혀가게 되었다. 이때 예레미야는 하나님께 말씀을 받아서 이 포로된 자들에게 편지를 보냈다. 예레미야 본문을 읽고, 다음의 질문에 답해 보라.

1. 하나님은 이스라엘 포로들에게 바벨론 도시에 대해 어떤 구체적인 지시를 주시는가(4-7절)? 포로들이 이에 대해 어떻게 느꼈으리라 생각하는가?

2. "너희에게 … 평안을 주려는"(11절) 것과 "그 성읍의 평안을 구하고"(7절) 사이에는 어떤 관계가 있는가?

3. 11-14절에서 알 수 있는 포로 생활의 목적은 무엇인가? 왜 이 구절들이 편지에 담겨 있다고 생각하는가?

4. 종교사회학자 로드니 스타크(Rodney Stark)는 다음과 같이 기록했다.

> 기독교는 그리스-로마 세계의 도시 문명 속에서 삶의 빈곤, 혼돈, 공포,
> 야만성에 대항하여 일어난 재활력화 운동(revitalization movement)으로 기
> 능했다. 기독교는 도시에 삶을 새롭게 하는 활력을 불어넣었다. 새로운
> 규범과 새로운 사회적 관계들을 제공하여 많은 긴급한 문제들을 대처
> 하도록 도운 것이다.
>
>   기독교는 노숙자와 빈곤층으로 가득한 도시에 자선뿐 아니라 희망을
> 제공했다. 또한 기독교는 이주자와 이방인들로 가득한 도시에 즉각적
> 인 연결고리의 토대를 제공했으며 민족 간 격렬한 갈등으로 찢겨진 도
> 시에 사회적 연대의 새로운 토대를 제공했다. 전염병이 창궐한 도시들
> 에게 기독교는 효과적인 봉사의 표본이 되었다.[1]

오늘날의 기독교에도 이러한 모습이 적용되는가? 그렇지 않다면 그 이유는
무엇인가? 어떤 점에서 기독교가 당신이 사는 지역에서 '삶을 새롭게 하는
활력'이 되는가?

팀 켈러가 전하는 도시가 우리에게 갖는 의미를 살펴보라.

예레미야 시대에 바벨론 사람들은 이스라엘 백성들을 향해 자신들과 동화되어 영적 정체성을 잃어버리길 원했고, 거짓 선지자들은 도시 안으로 들어가지 말고 영적 정체성을 지켜야 한다고 주장했다. 그러나 하나님은 놀랍게도 예레미야를 통해 포로들에게 가장 뜻밖의 말씀을 전하셨다. 도시 안으로 들어가 살면서 그 땅의 사람들과 구별된 영적 정체성으로 도시를 섬기라는 말씀이었다.

성경에서 반복해서 보는 것은 하나님이 도시와 그 안에 사는 사람들을 아끼신다는 것이다. 하나님은 그때처럼 지금도 도시에 큰 관심을 가지고 계신다. 그러므로 우리도 그래야만 한다. 도시는 특히 그렇게 할 많은 기회를 준다. 고대 도시는 여자, 어린아이, 소수 민족, 이민자 등의 사람들이 몰려든 피난처였으며, 법치가 이루어지는 정의로운 곳이었으며, 새로운 문화가 움트는 곳이었으며, 성당 탑 등으로 믿음을 표현한 영적 추구가 이루어지도록 디자인된 곳이었다.

당신은 당신이 거하고 있는 도시를 위해 살고 있는가? 아니면 그저 재미와 자신의 경력을 위해 도시를 이용하고 있는가! 당신은 지금 도시를 위해 기도하고 있는가?

— 그룹 토론

도시는 '어떤 곳이든 인구가 조밀하고 다양하며 문화적 에너지가 있는 곳'
이라는 정의를 기억하라.

5. 팀 켈러의 메시지를 읽은 후 새롭게 다가온 것은 무엇인가? 이전에 생
   각하지 못했던 새로운 질문을 불러일으킨 것이 있다면 무엇인가?

6. 인도에서 태어난 도시 목회를 연구한 J. N. 마노카란(Manokaran) 목사는
   그의 저서 *Christ and cities*(그리스도와 도시들)에서 다음과 같이 말했다. "도
   시를 괴물로 보아서는 안 된다. 필요를 가진 사람들의 공동체로 보아야
   한다." [2] 당신이 사는 도시를 어떤 눈으로 보고 있는가? 그곳에 대해 느
   끼는 감정은 무엇인가? 당신이 사는 도시는 어떤 가치를 가지고 있는가?

7. 팀 켈러는 다음과 같이 말한다.

도시에서 여러분은 영적으로 소망이 없어 보이는 사람들을 발견할 것이다. 종교가 없는 사람들을 만나게 될 것이며 다른 종교를 가진 사람들을 접하게 된다. 그리고 비기독교적인 태도로 삶을 사는 사람들을 만난다. 그들 중에 상당수가 당신보다 훨씬 친절하고, 깊이 있고, 지혜롭다는 것을 알게 될 것이다. 또한 가난한 사람들과 깨어진 사람들 중에 많은 사람들이 은혜의 복음에 대하여 열려 있는 것과 복음의 현실적인 적용에 대해 당신보다 더 많이 헌신되어 있는 것을 보게 될 것이다.

당신 혹은 지인들이 이와 비슷한 경험을 한 적이 있는가? 예를 들어보라.

8. 종종 기독교인들이 세상에 대하여 아무런 영향력이 없다는 말을 듣는다. 정확한 평가라면 이유는 무엇인가? 기독교인이 세상에 대해 보다 참여적이지 못한 이유는 무엇인가?

9. 히브리어 '샬롬'(Shalom, 렘 29:7)은 '건강하다, 증가하다, 형통하다'(prosper)라는 뜻이다. 즉, 삶의 모든 영역에서의 성장을 의미한다. 기독교 공동체 안에서 어떤 종류의 성장이 우리가 사는 도시를 평안하게 만드는가?

10. 어떤 구체적인 방식으로 당신(혹은 그룹)의 도시를 섬기며 사랑하고 있
는가? 일방적으로 동화되거나 회피하는 방식이 아닌 도시의 평화와 번
영에 진정으로 관심을 가지고 할 수 있는 일은 무엇인가?

― 함께 기도하기

이 과정을 시작하면서, 성령님께서 당신에게 내적인 힘을 주시도록 기도
하라. 그리하여 그리스도가 당신의 마음에 내주하시어, 당신이 그리스도
의 사랑을 알아 하나님의 모든 충만하심이 마음속에 가득 차도록 기도하
라. 또한 이 과정을 통하여 복음으로 살아가는 것이 당신의 삶과 공동체와
세상의 유익을 위하여 무엇을 의미하는지 더욱 분명해지도록 기도하라.

　　당신이 사는 도시에 대하여 감사하라. 도시의 샬롬(평안, 형통)을 위하
여 기도하라. 도시의 주민들을 사랑하는 마음을 달라고 기도하라.

— 홈 스터디 과제 소개

새로운 과를 준비하기 위한 홈스터디는 이 책의 핵심적인 부분이다. 읽을거리, 인용문구, 그리고 프로젝트들로 구성되어 있다. 이를 통해 다음 과의 주제에 대한 더 깊은 이해를 갖게 된다. 홈 스터디는 약 1시간 정도가 소요된다. 과제와 기도를 마치고 나면 해당 과에 대해 좀 더 풍성히 알게 될 것이다.

　　이제 2과를 소개하기 위해서, 복음을 믿는 것이 의미하는 바의 핵심에 도달하기 위한 읽을거리와 질문들을 다룰 것이다.

복음이
'사람의 마음'을
어떻게 변화시키는가

Chapter 2

마음

세 가지 삶의 방식

홈 스터디(Home study)

그룹 스터디(Group study)

2과 홈 스터디

초대교회 성도들이 로마 제국의 이웃들과 대화하는 장면을 상상해 보자. 이웃이 말한다. "아, 당신은 종교가 있군요. 좋습니다! 종교는 좋은 것이죠. 성전이나 거룩한 장소는 어디에 있습니까?"

초대교회 성도는 답한다. "우리는 성전이 없습니다. 예수님이 우리의 성전입니다."

"성전이 없다고요? 그러면 제사장들은 어디에서 하나님께 예배합니까?"

초대교회 성도는 대답한다. "예수님이 우리의 제사장입니다."

"예수가 제사장이라구요? 그렇다면 어디에서 희생 제물을 드려서 신의 은총을 구합니까?"

초대교회 성도는 답한다. "우리는 희생 제물을 드리지 않습니다. 예수님이 우리의 희생 제물입니다."

이제 이교도 이웃은 불평하기 시작한다. "도대체 당신의 신앙은 무엇입니까?" 그 답은 다음과 같다.

기독교 신앙은 다른 모든 종교들의 방식과는 확연히 다르다. 그래서 '종교'라고 불리기에 합당하지 않다.[3]

- 이 과제를 통해서 왜 기독교가 '종교'라고 불리는 것이 합당하지 않은지 몇 가지 이유들을 생각해 보라.

― 세 가지 삶의 방식

예수님이 말씀하셨다. "나는 의인을 부르러 온 것이 아니요 죄인을 부르러 왔노라"(마 9:13).

사람들은 하나님과의 관계에 있어 두 가지 방식이 있다고 생각하는 편이다. (1) 하나님을 따르며 그분의 뜻을 행하는 것과 (2) 하나님을 거부하며 자신의 마음대로 사는 것이다. 그런데 하나님을 거부하는 데 있어서도 두 가지가 더 있다. 하나는 이미 언급한 것과 같이 하나님을 거부하고 자신의 편의대로 사는 것이다. 다른 하나는 하나님의 법에 순종하면서도 올바르고 도덕적인 삶을 행해서 구원에 이르려는 것이다. 그렇기 때문에 하나님에 대하여 단지 두 가지 방식이 아니라 세 가지 방식이 존재한다고 볼 수 있다. 종교와 비종교와 그리고 복음이다.

'종교'에서 사람들은 하나님을 자기를 돕는 분, 교사, 본이 되는 분 정도로 생각한다. 그들에게는 도덕적 노력이 구원에 중요한 역할을 한다고 여긴다. 종교적인 사람들과 비종교적인 사람들은 모두 하나님을 구원자이며 삶의 주인으로 받아들이기를 거부한다. 하나님 이외에 다른 것에서 구원을 찾음으로써 삶을 통제하려고 한다. 이렇게 생겨난 종교적 율법주의와 도덕주의, 그리고 세속주의와 무종교적 상대주의도 '자기 구원'의 다른 전략들일 뿐이다.

기독교인은 실제 생활 가운데 종교와 비종교의 양상을 모두 가질 수 있다. 그러나 복음으로 인하여 그들은 비종교나 종교의 태도를 취하는 이유가 본질적으로는 동일한 것이며, 잘못된 것임을 깨닫게 된다. 기독교인들은 죄와 더불어 과도한 행동들이 예수님을 구원자로 받아들이지 않는 이유로 작용했음을 깨닫는다. 그래서 기독교인은 말한다. "가끔은 내가 도덕법에 순종하는데 실패했지만, 더 깊은 문제는 순종의 동기에 있다. 순종하려는 노력조차 스스로 구세주가 되려는 시도였던 것이다."

종교적인 사람들은 단지 죄에 대하여만 회개한다. 비종교적인 사람들은 전혀 회개하지 않는다. 그런데 기독교인들은 그들의 죄와 더불어 자기 의에 대해서도 회개한다.

- 비종교와 종교의 차이점은 구분하기 쉽다. 훨씬 어려운 것은 종교와 복음의 차이점을 찾는 것이다. 다음의 표를 살펴보라. 이 표는 종교와 복음의 차이점을 잘 요약하고 있다.

〈표1〉

종교	복음
"순종하면 용납될 것이다."	"용납되었으므로 순종한다."
두려움과 불안감에 기초한 동기부여	감사한 기쁨에 기초한 동기부여
다른 무엇을 얻기 위한 목적의 순종	하나님을 더 알기 위한 순종으로 하나님을 기뻐하고 닮는 목적을 지녔다.
일이 잘못될 때, 하나님이나 자신에게 분노한다. 축복받은 사람은 편안한 삶을 살아야 한다는 믿음을 가졌기 때문이다.	삶에 문제가 생길 때, 씨름한다. 그러나 모든 심판이 예수님께 내려졌음을 이미 알고 있다. 하나님이 이 시련의 과정 가운데 있으며 반드시 은혜를 베푸실 것을 안다.

종교	복음
비난을 받을 때, 분노에 휩싸여 마음이 무너진다. 왜냐하면 내가 '좋은 사람'이라는 느낌이 중요하기 때문이다. 나의 자아상에 가해지는 모든 위협들은 반드시 제거되어야 한다.	비난을 받을 때, 씨름한다. 그러나 내 자신이 '좋은 사람'이라고 생각되는 것이 꼭 본질적인 필요는 없다. 나의 정체성은 내 행동에 있지 않고, 오직 하나님의 사랑을 기반으로 한다.
기도 생활은 주로 간구로 이루어진다. 절실한 필요가 있을 때에만 신앙이 뜨거워진다. 기도의 목표는 자신의 환경을 통제하는 것에 있다.	기도를 통해 찬양과 경배가 폭넓게 이어진다. 기도 생활의 주된 목적은 하나님과의 친밀한 교제에 있다.
자아상은 두 극단 사이를 오간다. 내 기준에 맞추어 잘 살고 있는 때에는 자신감을 갖는다. 점점 교만해지며 실패하는 사람들에게 무자비해지는 경향이 있다. 반면, 기준들에 부합하지 못하게 살고 있을 때는 자신감이 없다. 스스로 패배자로 느낀다.	자아상은 나의 도덕적 성취로 결정되지 않는다. 그리스도 안에서 나는 의인인 동시에 죄인(simul iustus et peccator, 시물 유스투스 에트 페카토르- 루터에 의해 만들어져 16세기 널리 전파된 라틴어로 된 슬로건)이다. 죄인이며 상실된 존재이지만, 그리스도로 인해 용납된 존재이다. 나의 죄를 위해 그리스도가 죽으셔야만 했다. 나는 너무나 큰 사랑을 받았다. 그것은 그리스도가 나를 위해 기쁘게 생명을 버리신 것으로 증명된다. 이 사실은 나에게 깊은 겸손과 함께 자신감을 갖게 한다.
정체성과 자존감은 주로 내가 얼마나 열심히 일하느냐에 달려 있다. 또는 얼마나 내가 도덕적이냐로 결정된다. 그래서 나는 태만하거나 부도덕하게 생각되는 사람들을 무시한다.	정체성과 자존감은 나를 위해 죽으신 예수 그리스도로 인해 결정된다. 나는 순전히 은혜로 구원받았기 때문에, 나와 다른 신앙이나 습관을 가진 사람들을 무시할 수가 없다. 나의 나 된 것은 오직 하나님 은혜이다.

찰스 스펄전(Charles Spurgeon)은 19세기 후반의 가장 유명한 영국 설교자였다. 그는 다음의 예화를 사용했다.

오래전 어떤 농부가 아주 커다란 당근을 키웠다. 그는 왕에게 그것을 가져가 "임금님이시여, 이것은 최고의 당근입니다. 제가 재배한 것 중에 최고이며 앞으로도 이것이 최고일 것입니다. 그래서 저는 임금님에 대한 저의 사랑과 존경의 표시로 이 당근을 바치기 원합니다"라고 말했다.

왕은 농부의 진심에 감명을 받았다. 그래서 돌아가는 그에게 "잠깐만! 그대는 이 땅의 좋은 청지기임에 틀림없구나. 나는 그대의 땅 옆에 한 구역의 땅을 가지고 있네. 그대에게 그 땅을 값없이 선물로 주고 싶네. 그 땅에 농사를 짓도록 하라." 농부는 왕의 제안에 당황했지만 기쁜 마음으로 집으로 돌아갔다.

왕의 궁정에 있는 한 귀족이 이 소식을 듣게 되었다. 그는 '맞다! 당근 하나로 얻은 것이 땅이라면, 더 나은 것을 얻는 것은 무엇일까?' 다음날 귀족은 왕 앞에 잘 생긴 검정색 말을 가져가 엎드려 절하고 말했다. "임금님이시여, 저는 말을 기릅니다. 그런데 이것은 제가 본 중에 최고의 말이며, 앞으로도 그럴 것입니다. 그러므로 저는 이것을 사랑과 존경의 표시로 임금님께 바치겠습니다."

이번에도 왕은 그의 진심을 보았다. 왕은 "고맙소"라고 말하면서 그 말을 취했고 그를 그냥 돌려보냈다. 당황한 귀족에게 왕은 "농부는 나에게 당근을 주었지만, 당신은 '당신 자신에게' 말을 주었소"라고 말했다.[4]

만일 우리가 하나님께 축복을 받기 위해 무엇인가를 바친다면, 이것은 하나님을 위한 행동이 아니다. 자기 자신을 위한 행동일 뿐이다. 은혜의 경험만이 우리를 변화시키고 하나님을 위해 행하게 한다.

그러므로 그리스도인이 되는 첫 걸음은 문제를 인정하는 것이다. 우리는 하나님 대신 자신을 하나님 자리에 앉혔다. 우리는 이를 종교를 통해서 하거나(하나님의 법에 순종함으로써 스스로의 주인이 되려고 노력한다) 또는 비종교를 통해서 한다(하나님의 법에 불순종함으로써 스스로의 주인이 되려고 노력한다).

이것은 우리가 회개의 양을 바꾸는 것만이 아니라, 회개의 깊이를 바꾼다는 것을 의미한다. 우리는 '회개해야' 한다. 진정한 회개는 단순히 어떤 죄에 대해 괴로워하는 것이 아닌 그 이상을 말한다. '구원을 얻는 회개'란 구원을 위해 스스로 노력했음을 인정하는 것이다. 스스로 구원자가 되려고 애쓰는 우리의 노력을 인정하는 것이다. 바울은 갈라디아서 2장 21절에서 이것을 아주 강력하게 비판한다. "만일 의롭게 되는 것이 율법으로 말미암으면 그리스도께서 헛되이 죽으셨느니라!"

또한 갈라디아서 5장 4절에서도 선언한다. "율법 안에서 의롭다 함을 얻으려 하는 너희는 그리스도에게서 끊어지고 은혜에서 떨어진 자로다."

우리는 행한 모든 자기 의(self-righteousness)를 회개해야 한다. 율법을 어긴 것만이 아닌 율법에 의존하였음을 회개해야 한다.

둘째, 그리스도인이 되기 위해서는 치료제가 필요하다. 하나님이 예수님의 죽음으로 인하여 나를 받아 주시기를 간청하는 것을 넘어 그리스도로 말미암아 우리가 받아들여졌음을 알아야 한다. 이것은 믿음의 분량뿐만 아니라 대상을 옮기는 것을 의미한다. 우리는 '믿어야' 한다.

그런데 우리는 믿어야 하지만 그리스도를 영접하는 믿음은 그리스도에 대한 일련의 교리를 받아들이는 것 이상이다. 구원을 얻게 하는 믿음은 우리 자신의 행위와 업적에 대한 신뢰를 그리스도의 행위와 업적에 대한 신뢰로 옮기는 것이다. 갈라디아서 2장 16절에서 바울은 이렇게 상기시킨다. "사람이 의롭게 되는 것은 율법의 행위로 말미암음이 아니요 오직 예수 그리스도를 믿음으로 말미암는 줄 알므로 우리도 그리스도 예수를 믿나니 이는 우리가 율법의 행위로써가 아니고 그리스도를 믿음으로써 의롭다 함을 얻으려 함이라 율법의 행위로써는 의롭다 함을 얻을 육체가 없느니라."

로마서 3장 22-24절에서도 바울은 말한다. "곧 예수 그리스도를 믿음으로 말미암아 모든 믿는 자에게 미치는 하나님의 의니 차별이 없느니라. 모든 사람이 죄를 범하였으매 하나님의 영광에 이르지 못하더니, 그리스도 예수 안에 있는 속량으로 말미암아 하나님의 은혜로 값없이 의롭다 하심을 얻은 자 되었느니라."

우리의 과거가 아닌 그리스도의 과거가 하나님과 우리 관계에 결정적인 역할을 한다. 그리스도인들은 복음의 원리를 알고 복음으로 변화되었음에도 불구하고 지속적으로 공로-의(works-righteousness)와 자력 구원으로 돌아간다.

마르틴 루터는 '종교'가 인간 마음의 기본 상태라고 말한다. 당신의 컴퓨터는 의도적인 지시가 있기 전까지는 자동으로 정해진 모드 안에서 움직인다. 마찬가지로 복음으로 회심한 이후에도 인간의 마음은 종교적인 원리로 돌아가서 움직이려고 할 것이다. 의도적이며 반복적으로 복음으로 돌이켜야만 한다. 이것이 우리의 영적인 실패, 조절 불가의 감정들, 갈등, 기쁨의 고갈, 사역의 비효과성 등의 이유가 된다.

복음에는 수준이 존재하지 않는다. 그러나 우리는 영혼의 깊은 곳에서 마치 우리의 공로로 인하여 구원받는 것처럼 움직이는 경향이 있다. 루터는 다음과 같이 말했다.

> 자신이 한 일을 자신감의 근거로 삼아서 하나님의 은총을 얻으려 하고, 그것으로 하나님의 은혜를 받기를 기대하지 않는 사람은 천 명 중에 단한 명도 없다. 그래서 그들은 자신이 한 일들을 드러내고 자랑한다. 그것이야말로 하나님이 도저히 견딜 수 없는 것이다. 왜냐하면 하나님은 하나님의 은혜를 값없이 베풀기로 약속하셨다. 우리가 그 은혜를 신뢰할 때 선한 일이 이루어질 수 있다.[5]

다음 질문에 답하라.

1. 마르틴 루터의 "종교는 인간 마음의 기본이다"라는 말에 동의하는가? 어떤 특정한 시간이나 상황에서 이것이 당신의 마음에 깊이 다가왔는가?

2. 〈표1〉을 참조하라. 당신의 마음에 해당되는 것에 밑줄 표시를 하라. 마음에 변화하기를 원하는 것이 있는가?

— 칼빈, 루터, 에드워즈의 복음에 대한 통찰

존 칼빈의 저작에서 발췌한 다음의 글을 읽으라. 공로와 의에 대한 연결고리를 이해하는 데 도움이 될 것이다.

나는 먼저 이것을 묻고 싶다. 과연 한 사람이 한두 가지의 거룩한 일로 인하여 의롭다 여김을 받을 수 있는가? 다시 묻겠다. 사람이 행한 수많은 선한 행동들이 사람을 의롭게 만드는가? 만일 어떤 실수를 저지른다면 어떻게 설명할 것인가? 이 경우는 법의 권위에 맞서서 의롭다고 계속 주장하지는 못할 것이다. 성경은 "이 율법의 말씀을 실행하지 아니하는 자는 저주를 받을 것이라"고 기록하고 있다(신 27:26).

조금 더 나아가 묻고 싶다. 심판받지 않는 부정이나 불의가 존재하는가? 인간의 모든 행동은 선한 것이 없음을 고백할 수밖에 없다. 인간 자체의 부패함 때문이다. 그러므로 인간은 의로운 존재로 존중받을 수 없다.[6]

한 사람의 공로가 무엇이든 간에 그는 하나님의 은혜로운 자비에 근거하여서만 의롭다고 여겨진다는 것을 분명히 기억해야 한다. 왜냐하면 하나님은 공로를 전혀 따지지 않고 그리스도 안에서 값없이 두 죄인을 입양하시기 때문이다. 이는 그리스도의 의가 마치 그의 것인 양 그에게 전가하심으로써 이루어진다.

이것을 우리는 '믿음의 의'라고 부른다. 이것은 한 사람이 공로에 대한 모든 자신감이 비워지고 고갈되었을 때, 그가 하나님께 받아들여지는 유일한 근거가 된다. 이것은 자신 안에는 존재하지 않으며 그리스도께로부터 주어지는 의이다. 세상이 잘못된 방향으로 가고 있는 점에 대해서(이런 잘못된 방향으로 가고 있는 오류는 거의 모든 세대에 성행했다), 인간이 아무리 부분적으로 부족하다 하더라도, 여전히 공로를 통해 하나님의 은총을 입을 자격이 있다고 상상하는 것 자체가 세상이 주는 잘못된 방향이자 오류이다.

그러나 하나님은 공로가 아닌 오직 그리스도를 통해서 우리와 화해하셨다. 은혜로 입양하여 우리를 자녀로 삼으신다. 즉 우리는 그리스도의 순종이 이룬 공적을 통해 의롭다 하심을 얻었다. 이것은 성경의 분명하고 단일한 교리다. 바울은 이에 대하여 "율법과 선지자들에게 증거를 받은(롬 3:21) 것"이라고 말했다. 즉 율법으로는 무엇도 채워질 수 없으며 오직 복음에 의해서만 설명됨을 의미한다.[7]

위의 발췌문을 참고해 질문에 답해 보라.

3. "세상이 잘못된 방향으로 가고 있다는 점에 대하여(이런 잘못된 방향으로 가고 있는 오류는 거의 모든 세대에 성행했다), 인간이 아무리 부분적으로 부족함이 있다 하더라도, 여전히 공로를 통해 하나님의 은총을 입을 자격이 있다고 본다." 공로에 의해 하나님의 은총을 입을 자격을 갖추려는 시도가 문제가 되는 이유는 무엇인가?

4. 당신은 어떤 방식을 사용해서 공로로 하나님의 은총을 입을 자격을 갖추려고 시도하는가?

마르틴 루터의 갈라디아서 주석에서 발췌한 다음 글을 읽으라.

땅이 위로부터 먼저 적셔지지 않고서는 열매를 맺음이 없듯이, 우리가 그리스도의 의로 먼저 의롭게 되지 않고서는 율법을 이룰 수 없다. 그리스도인의 의는 율법의 의에 속한 것이 아니다. 율법의 의로 많은 것을 하려고 하지만 우리는 아무것도 하지 못하며, 율법을 성취하려고 하지만 성취하지 못한다. 그리스도인의 의는 우리에게 속한 것이 아니라 하늘에 속한 것이며, 하늘로부터 받은 것이다. 우리가 의를 위하여 일한 것이 아니며, 의는 은혜로 우리 안에 만들어져 믿음으로 이해되는 것이다. 그렇다면 왜 우리는 아무것도 이루지 못하는가? 왜 의를 얻기 위하여 아무 공로도 세우지 못하는가?[8]

그렇다. 의는 완벽한 것이다. 인간은 율법의 행위에 대하여 아무 공도 쌓지 않고, 아무것도 할 수 없다. 우리가 믿는 한 가지는 그리스도가 아버지께 가셨으며, 아버지의 오른편 하늘에 앉아 계시고, 심판자가 아니라 우리를 위한 대제사장으로서 우리를 위해 중보하시며, 우리 위에 통치하시며, 우리 안에 계시는 분이다. 오직 은혜로써 말미암았다.[9]

주님 안에서는 충만하고 완전한 기쁨과 양심의 평화가 있다. 비록 나는 율법으로는 죄인이며, 율법의 정죄 아래 있지만, 절망하지 않으며 죽음을 두려워하지 않는다. 왜냐하면 그리스도가 살아 계시기 때문이다. 그분은 나의 의로움이시며 영원한 생명이시다. 이 의로움과 생명 가운데 나는 죄사함을 얻었고, 두려움이 없고, 양심의 고통이 없고, 죽음에 대한 염려가 없다. 나는 진정으로 죄인이어서 현재의 삶과 그 의에 영향을 끼친다. 그러나 나는 또 다른 의와 생명을 갖고 있다. 즉 이생을 뛰어 넘는 생명이다. 그것은 하나님의 아들 예수 그리스도다. 그분은 죄와 죽음을 모르는 오직 의와 영생이시다.[10]

그리스도의 의로부터 벗어나는 사람은 반드시 율법의 의로 떨어진다. 다시 말하면, 사람이 그리스도를 잃어버릴 때, 자신의 공로에 집착하게 된다. 그러나 그리스도의 의가 마음을 지배할 때에 어디서 어떻게 기회가 생기든 선을 행한다. 누구든지 오직 그리스도만이 그의 의라고 굳건히 확신한다면, 기쁘고 즐겁게 일할 뿐만 아니라 이생의 모든 책임과 위험에도 헌신한다. 모든 것에 하나님의 뜻이 있음을 알기 때문이다. 이러한 순종이 하나님을 기쁘시게 함을 아는 까닭이다.

다음 질문을 통해 요점을 다시 살펴보자.

5. 무엇이 그리스도인의 의인지 당신의 언어로 말해 보라. 그리스도인의 의를 대신하는 대안은 무엇인가?

6. 선한 일을 행하는 동기는 무엇인가?

무엇이 사람들을 정직하게 하는가? 또 관대하게 만드는가? 조나단 에드워즈는 이런 질문들을 여러 해에 걸쳐 저술 가운데 다루었다. 다음의 발췌문은 조나단 에드워즈의 저작들로부터 팀 켈러가 요약하고 문장을 새로 쓴 것이다.[11]

도덕적 행동은 두 가지 종류가 있다. '보편적 미덕'과 '참된 미덕'이다. 정직이라는 한 가지 미덕을 예로 살펴보자. 대다수의 사람들은 두려움 때문에 정직하거나("정직하지 않으면 대가를 치른다!" 또는 "부정직하면 벌을 받는다!") 자존심을 지키기 위해 정직하려 한다(저 한심한 사람들처럼 되지 말아라!). 에드워즈는 이것을 결코 경시하지 않으며, 이를 보편적 미덕(common virtue)이라고 부른다. 이것이 하나님이 세상의 악을 통제하시는 주된 방법이라고 그는 믿는다.

믿는다.

그럼에도 불구하고 보편적 미덕의 중심부에는 깊은 긴장이 존재한다. 만일 사람들이 정직한 주된 이유가 두려움이나 자존심이라면, 사람들이 부정직한 주된 이유는 무엇이란 말인가? 그것 역시 두려움이나 자존심일 것이다. 보편적 미덕에서는 악의 근본 뿌리인 마음의 깊은 자기중심성을 제거하지 못했다. 단순히 마음의 자기중심성을 제어한 것이지 변화시킨 것은 아니다.

궁극적으로, 두려움이나 자존심 때문에 대부분의 사람들은 자신을 위해서 도덕적이 된다. 그들은 다른 사람들에게 친절하거나 가난한 사람들에게 도움이 되는 일을 한다. 그러나 깊은 차원에서 그들은 복을 받기 위해 그렇게 하거나(종교적), 자신이 덕 있고 자비심 있는 사람이라는 생각에서 그렇게 행동한다(비종교적). 그들이 선을 행함은 하나님을 위해서가 아니다. 선 자체를 위한 것도 아니며, 오직 자신을 위한 것이다. 근본적인 자기중심성은 보이지 않을 뿐, 보편적 미덕을 양분으로 삼으며 자란다. 이는 결국 충격적인 방식으로 폭발할 수 있다. 겉으로 보기에 도덕적인 사람들이 왜 엄청난 죄에 빠지는지 그 이유를 여기에서 알 수 있다. 이기심처럼 보이지 않는 그 수면 아래 엄청난 자기중심성이 숨어 있다.

에드워즈는 질문한다. "무엇이 참된 미덕인가?" 정직은 이익이 되기 때문이 아니고, 기분이 좋아져서도 아니다. 모든 진리와 진실과 성실이 하나님의 아름다움에 심취될 때 우리는 진정으로 정직하게 된다. 진실을 말하는 것은 나를 위해서가 아닌, 하나님을 위해서 그리고 정직 그 자체의 가치를 사랑할 때 가능해진다. 이런 종류의 동기부여는 오직 하나님의 은혜에 깊이 감동받은 사람에게만 나타날 수 있다.

참된 미덕이 도래하는 것은 당신을 위해서 죽으신 그리스도를 바라볼 때이다. 그리스도는 무한한 고통에도 불구하고 약속을 지키셨다. 또한 고통을 통해 교만을 부수셨다. 그리스도는 우리를 위해 고통을 참아야만 했다. 왜냐하면 우리가 버려진 존재였기 때문이다. 다른 한편으로, 두려움을 부수셨다. 왜냐하면 우리가 아직 원수되었을 때에 그리스도가 우리를 위해 행동하셨기 때문이다. 그리스도는 그 무엇보다 우리를 소중히 여기신다. 어떤 행위도 우리를 향한 그분의 사랑에서 떨어뜨릴 수 없다. 결과적으로, 우리의 마음은 단지 제어되는 것이 아니라 변화된다. 근본적인 지향점이 변화되는 것이다.

사람에게 드려지는 것이란, 자신의 목적을 위해서 드리는 것이다. 만일 그의 목적이 자신을 위함이라면 하나님께 드린 것이 아닌 자신에게 드렸을 뿐이다. 그의 목표가 자신의 영광이라면, 선물은 자신의 영광을 위해 바쳐졌을 뿐이다. 그의 목표가 자신을 돌보거나 세상적 이익을 추구한 것이라면, 그것 역시 마찬가지이다. 마음의 진실한 목표가 하나님께 있지 않다면, 하나님께 드린 것은 아무것도 없다.[12]

무엇보다도 하나님을 향한 열정이 하나님을 이용하려는 사람들에게 잘못된 목적으로 사용되고 있다. 그들은 단지 하나님의 선하심 안에서만 하나님을 대한다. 자신에게 감동이 되거나 이익을 주는 선에서만 하나님을 사랑한다.

그러나 이와는 다르게 은혜롭고 감사한 태도로, 사람들은 하나님의 선하심과 값없는 은혜에 마음이 감동된다. 그들은 단지 거기에 관심을 갖게 될 뿐만 아니라 그들이 추구하는 것에 영향을 끼친다. 하나님의 선하심 자체로 인해 무한한 영광스러움에 영향을 받게 되는 것이다.[13]

다음 질문을 통해 요점을 다시 살펴보자.

7. '보편적 미덕'과 '참된 미덕'의 차이점은 무엇이며 그 차이가 중요한 이유는 무엇인가?

8. 당신을 위해서 사는 것이 아니라 하나님을 위하여 살기 위해서는 어떤 구체적인 방안들이 필요한가?

― 복음과 마음

복음은 종교도 아니고 비종교도 아니다. 그것은 전혀 다른 '무엇'이다. 종교는 법과 도덕적 순종을 구원의 방법으로 삼는다. 반면 비종교는 개인이 스스로에게 법이 된다. 그러나 복음은 예수님이 죄의 대가를 위해 하나님의 방법으로 불순종의 형벌을 치르셨으며, 그로 말미암아 우리가 순전히 은혜로 구원을 얻게 된 것이다. 그렇기 때문에 그리스도인들은 하나님의 법과 도덕적 순종을 향하여 남다른 관점을 가지게 된다.

한편, 그리스도인에게는 도덕법이 구원을 이루기 위한 체계가 아니다. 우리의 자존감은 더 이상 도덕적 성과에 달리지 않는다. 우리는 무조건적인 사랑을 받는다. 하나님의 자녀들이다. 다른 한편, 우리는 하나님의 법이 얼마나 중요한지 안다. 율법은 하나님의 성품과 마음을 계시한다. 하나님이 사랑하시고 미워하시는 것들을 계시한다. 선한 것과 악한 것을 구분한다. 우리를 대신하여 예수님은 율법을 통해 완전히 순종하셨으며, 우리를 대신하여 죄의 형벌을 지불하기 위해 죽으셨다.

그렇기 때문에 우리는 말씀에 나타나는 하나님의 뜻을 결코 가볍게 생각할 수 없다. 즉, 순종은 선택 사항이 아니다. 대신, 우리는 하나님의 율법을 사랑하고 즐거워한다 - "내 속사람으로는 하나님의 법을 즐거워하되"(롬 7:22). 또한 우리는 율법의 정죄에서 완전히 자유롭다 - "그러므로 이제 그리스도 예수 안에 있는 자에게는 결코 정죄함이 없나니"(롬 8:1).

오직 그리스도의 사역을 통한 믿음으로 우리는 의롭게 되고 하나님과 바른 관계를 가지게 된다. 믿음으로 그리스도와 연합할 때, 우리는 '하나님 보시기에 의로운' 사람이 되는 것이다. 복음으로 말미암아 우리는 하나님 앞에서 거룩하고 완전해진다. 우리가 하나님 보시기에 의롭게 되었다면, 실제 삶에서 의로워지는 것은 어떻게 이루어지는가? 어떻게 그리스도를 닮은 성품으로 성장하는가?

신학적인 용어로 이 질문은 '칭의'(하나님 앞에 의로운 것)와 '성화'(의로운 삶을 살아내는 것이 지속적으로 증가하는 것)의 관계에 대한 것이다. 예를 들어, 나쁜 성격과 조급한 말들이 그리스도의 사역에 의해 용서되고 덮어졌다. 그것들이 나를 정죄에 빠뜨릴 수는 없다. 그러나 실제로 어떻게 하면 절제와 발전을 이룰 수 있는가? 어떻게 성급한 행동과 말을 줄일 수 있는가?

고린도후서 8장과 9장에서 성도들은 가난한 사람들에게 헌금하기를 바라고 있다. 그러나 바울은 사람들의 의지에 직접적으로 호소하지 않는다. 바울은 "나는 사도입니다. 구제는 여러분의 의무입니다"라고 말하지 않았다. 또는 감정에 호소하며, 가난한 사람들이 얼마나 고통을 받고 있으며, 성도들이 그들보다 얼마나 넉넉한지를 호소하지 않았다. 대신, 바울은 분명하고 뇌리에 박히게 이야기했다. "우리 주 예수 그리스도의 은혜를 너희가 알거니와 부요하신 이로서 너희를 위하여 가난하게 되심은 그의 가난함으로 말미암아 너희를 부요하게 하려 하심이라"(고후 8:9).

바울은 그리스도의 구원을 돈과 부와 가난의 영역으로 가져오고 있다. 그는 성도들에게 복음을 떠올리게 한다. "예수님의 값비싼 은혜를 생각해 보라. 복음으로 마음에 변화가 생겨서 넉넉히 베푸는 사람이 될 때까지 그렇게 하라."

그러므로 인색함에 대한 해결책은 복음 안에서 그리스도의 넉넉한 베푸심으로 돌아가는 것이다. 그리스도는 당신을 위해 그분의 모든 자원을 쏟아 주셨다. 복음이 있기 때문에 우리는 돈에 대해서 염려할 필요가 없다. 십자가는 하나님이 당신을 돌보는 분이시며 안전을 지켜 주시는 분임을 증명한다. 복음이 있기 때문에 다른 사람의 재물을 부러워할 필요가 없다. 예수님의 사랑과 구원을 통해 돈으로 얻을 수 없는 높은 지위를 얻게 되었다.

부부 사이에 정절을 지키는 것, 탐욕스럽지 않고 관대하게 베푸는 사람이 되는 것, 좋은 부모나 자녀가 되는 것은 단지 그리스도의 법을 따르려는 노력을 배가하는 것이 아니다. 오히려 그리스도의 구원에 대한 이해를 깊게 하며, 마음의 깨달음이 만드는 변화들을 실질적으로 살아내는 것이다. 마음은 지성, 의지, 감정의 좌소이다. 복음을 믿는 것은 우리의 동기와 자기 이해와 정체성과 세상에 대한 관점을 새롭게 한다. 복음은 우리의 마음을 변화시킨다. 마음의 변화 없이, 규칙에 순응하는 행동들은 피상적이며 일시적이다.

디도서 2장 11-15절에서, 바울은 듣는 이들에게 "경건하지 않은 것과 이 세상 정욕을 다 버리고 … 경건함으로 이 세상에 살"도록 요청한다. 바울은 그들이 어떻게 절제하도록 말하는가? 분명히, 그는 '구원을 주시는 하나님의 은혜'가 '우리를 양육하시되 경건하지 않은 것과 이 세상 정욕을 다 버리고' 살도록 한다고 말한다. 디도서 3장 5절은 '하나님의 은혜'가 무엇인지를 설명한다. 하나님의 은혜는 "우리를 구원하시되, 우리가 행한 바 의로운 행위로 말미암지 아니하고 오직 그의 긍휼하심을 따라" 행하신 일이다. 이것이 우리가 유혹에 대해 '아니오'라고 말할 수 있는 비결이기도 하다.

당신이 불경건에 대해서 '아니오'라고 말할 수 있는 온갖 방법을 생각해 보라. 당신은 아마도 "아니다 - 그것은 보기 안 좋다"라고 할 수도 있다. 또는 "아니다 - 내 주변의 사람들에게 배척당할 수도 있어"라고 할 수도 있다. 또는 "아니다 - 하나님이 복 주지 않으실거야"라고 할 수도 있다. 당신은 "아니다 - 아침에 후회하고 비참한 생각이 들 거야"라고 할 수도 있다. 사실상 이 모든 동기들은 단지 두려움과 자존심에 의한 것이다. 이는 당신이 죄를 짓는 이유가 된다. 마음 자체의 진정한 변화 없이, 단지 자기중심적인 마음의 욕구들을 사용해서 마음을 외부적 규칙에 순응하게 만드는 것이다. 또한, 당신은 하나님을 향한 사랑에 의해 행동하지 않는다. 하나님을 이용해서 이익을 얻으려는 것 뿐이다 - 자존감, 번영, 사회적 인정. 그렇기 때문에 당신의 가장 깊은 기쁨들과 소망들이 하나님이 아니라 두려움과 자존심에 달려 있는 것이다.

정말로 복음을 믿는다면, 결핍이 사라진다. 항상 존중받아야 하고, 감사 인사를 받아야 하고, 인정받아야 할 필요가 사라진다. 당신의 삶에 모든 일이 잘 풀려야 한다고 생각하는 어리석음이 사라진다. 다른 사람들에 대해 힘을 가질 필요가 없어진다. 이 모든 엄청나고 깊은 필요들은 당신의 삶 가운데 통제권을 행사한다. 그 이유는 영광스러운 하나님이 전력을 다해서 당신의 존재 자체를 기뻐하신다는 것이 단지 개념에 그치고 말았기 때문이다. 우리의 마음은 나를 향한 하나님의 사랑을 믿지 않는다.

사도 바울은 당신이 정말로 변화되기를 원한다면, 반드시 복음이 당신을 가르치게 해야 한다고 말한다. 일정 기간 이상 복음이 당신을 훈련하고, 단련하고, 가르치도록 하라. 복음이 당신에게 질문하도록 해야 한다. 복음이 당신의 마음 깊숙이 자리 잡도록 노력하라. 당신의 동기와 관점과 태도가 바뀔 때까지 계속되어야 한다.

교회 역사 교수인 리처드 러브레이스(Richard Lovelace)는 다음과 같이 기록했다.

신앙을 고백하는 그리스도인들 중에 오직 일부만이 그리스도의 칭의 사역을 삶 속에서 경험하고 있다. 많은 사람들은 이 교리를 이론적으로 신봉하고 있지만, 일상 가운데서 자신들의 성화에 기대어 칭의를 접근할 뿐이다. 하나님이 그들을 받아 주신다는 확신을 자신들의 신실함, 과거의 회심 체험, 최근의 신앙적 열심, 또는 의시적이고 의도적인 불순종의 상대적인 빈도에 근거하는 것이다.

소수의 사람들만이 날마다 하루를 시작할 때 루터의 플랫폼에 견고하게 서서 출발한다. 당신은 용납되었다. 그리하여 용납의 유일한 근거로서 그리스도의 전적으로 외적인 의를 주장하며 믿음으로 밖을 바라본다. 또한 믿음이 사랑과 감사 가운데 살아 있을 때 이러한 신뢰는 반드시 성화를 점진적으로 이룬다는 사실에 위로를 받는다.[14]

다음의 질문에 답하라.

9. 성화(sanctification)에 근거하여 칭의(justification)를 접근한다는 것은 어떤 의미인가?

10. "복음이 당신을 가르치게 하라"는 것 - 복음이 당신의 마음 깊숙이 자리 잡도록 하라"는 것이 당신에게는 어떤 의미로 다가오는가? "

─ 복음적 회개

마르틴 루터는 독일 비텐베르크 성당 문에 못박은 95개 조항으로 종교개혁을 출범시켰다. 그중 첫 번째는 다음과 같다. "우리 주이며 통치자이신 예수 그리스도께서는 … 신자의 모든 삶이 회개여야 한다고 하셨다."[15]

이것은 매우 거친 표현이다. 루터는 마치 그리스도인들이 삶에서 발전을 이루지 못하는 것처럼 말하고 있다. 물론 그것은 루터의 요점이 결코 아니다. 그가 말하는 바는, 회개야말로 그리스도인의 삶에서 발전을 이루는 유일한 방법이라는 것이다. 사실, 삶의 전반에서 이루어지는 회개야말로 우리가 예수님의 성품을 깊이, 그리고 빠르게 닮아가고 있다는 최고의 표지이다.

종교적 회개 VS 복음적 회개

회개에 관하여는 두 가지 다른 방식이 있다(종교적 회개와 복음적 회개). 종교에서 회개의 목적은 기본적으로 하나님을 기쁘게 하기 위함이다. 그리하여 복을 받아들이고 기도 응답을 받는 것이다. 결과로 말미암아 죄에 대해 유감스럽게 생각한다. 죄는 형벌을 초래한다. 형벌을 원하지 않으며, 이것이 회개하는 이유이다.

이에 반해 복음은 그리스도인으로서 죄가 우리를 심판에 이르게 하지 않는다는 것을 알고 있다(롬 8:1). 죄의 혐오성은 하나님이 죄를 미워하시는 것에 있다. 죄는 하나님을 불쾌하게 하고 모욕한다. 그러므로 종교의 회개는 자기중심적이지만, 복음의 회개는 하나님 중심적이다. 종교는 죄의 결과들에 대해 뉘우치지만, 복음은 죄 자체에 대해 뉘우친다.

또한 종교적인 회개는 자신의 죄를 속죄하는 시도들로 쉽사리 변형된다. 우리가 참으로 비참하며 후회하고 있으므로 용서받을 자격이 있다고 하나님을 (그리고 스스로에게) 설득시키려는 행위이다. 그러나 복음을 통해 우리는 예수님의 고난이 우리 죄 때문임을 안다. 하나님의 용서를 받을 자격을 획득하기 위해서 스스로 고난을 겪어야 하는 것이 아니다. 단지 우리는 그리스도가 획득하신 용서를 받아들일 뿐이다.

더욱이, 종교의 유일한 희망은 하나님이 축복하실 만큼 충분히 선한 삶을 사는 것이다. 그리하여 죄와 회개의 모든 순간마다 비참하고, 억지스럽고, 겁을 집어먹게 된다. 종교적인 사람들은 엄청난 압력 아래서만 자신이 죄를 지었음을 인정한다. 그들의 유일한 희망은 자신의 도덕성에 있기 때문이다.

이와 달리 복음은 우리가 그리스도 안에서 용납되었다는 사실로 인하여 허물을 인정하는 것이 가능하다. 죄의 깊은 차원을 인정할 때 버림받지 않을 것을 알기 때문이다. 우리의 희망은 그리스도의 의로움 안에 있다. 결코 우리의 의로움이 아니다. 우리의 연약함과 넘어짐을 인정하는 것이 상처가 되지 않는다.

종교는 할 수 있는 한 최소한으로 회개한다. 그렇지만 복음은 더욱 사랑받고 용납받음을 느끼기 때문에 깊이 회개한다. 어느 회개든지 아픔이 따르지만, 궁극적으로 복음 안에서는 시원함이 있다. 복음 안의 회개를 통해 개인은 성장을 맛볼 수 있다. 우리의 결점과 죄를 더 많이 볼수록, 하나님의 은혜는 더욱 귀중하고, 짜릿하고, 놀랍게 다가온다. 다른 한편, 우리가 그리스도 안에 나타난 하나님의 은혜와 용납하심을 더 많이 알수록 자기 부인과 자기 방어를 더 많이 줄이게 되며 죄의 진정한 국면을 인정하게 된다.

18세기 감리교 설교자 조지 횟필드(George Whitefield)는 회개에 대해 다음과 같이 말했다. "하나님, 나에게 깊은 겸손을 주시며, 잘 훈련된 열정을 주시며, 불붙는 사랑을 주시며, 일편단심의 눈을 주소서. 사람들이나 귀신들이 최악의 일을 행할지라도!"[16]

복음적 회개는 (교만이 아니라) 깊은 겸손을 수반한다

당신은 어떤 사람을 경멸한 적이 있는가? 비판에 의해 상처 받은 적이 있는가? 모욕당하거나 무시당한 적이 있는가? 예수님의 값없는 은혜를 생각하며 이 모든 것을 회개하라. 경멸을 덜 느끼기까지 회개하라. 당신도 죄인이기 때문이다.

비판에 대해 고통이 줄어 들기까지 회개하라. 인간의 인정보다 하나님의 사랑이 당신에게 더 가치 있기 때문이다. 당신이 깊은 겸손을 경험하고 감사와 만족의 기쁨을 느낄 때까지 하나님의 은혜를 묵상하라.

복음적 회개는 (불안이 아니라) 잘 훈련된 열정을 수반한다

당신은 직면해야 하는 사람이나 과업을 회피한 적이 있는가? 불안하거나 걱정에 빠진 적이 있는가? 신중하지 못하거나 성급하고 충동적으로 행동한 적이 있는가?

예수님의 값없는 은혜를 생각하면서 회개하라. 힘든 일을 비겁하게 회피하는 습관이 없어질 때까지 회개하라. 왜냐하면 예수님은 당신을 위해서 악을 직면하셨기 때문이다. 어떤 불안함이나 성급한 행동이 없어질 때까지 회개하라. 왜냐하면 예수님의 죽음은 하나님이 당신을 돌보시며 지켜보신다는 것을 증명하기 때문이다. 하나님의 은혜를 묵상하라. 당신이 차분한 사려 깊음과 전략적인 담대함을 경험할 때까지 묵상하라.

복음적 회개는 (무관심이 아니라) 불붙는 사랑을 수반한다

누군가에게 불친절하게 말하거나 그에 대하여 함부로 생각한 적이 있는가? 조급하거나 짜증이 난 적이 있었는가? 자기중심적이거나, 무관심하거나, 또는 다른 사람에게 무심한 적이 있었는가?

예수님의 값없는 은혜를 생각함으로 회개하라. 차가움이나 불친절이 없어질 때까지 회개하라. 당신을 향하신 그리스도의 희생적인 사랑을 생각하라. 조급함이 없어질 때까지 회개하라. 당신을 향한 주님의 인내를 생각하며 회개하라. 무관심이 없어질 때까지 회개하라. 하나님이 얼마나 당신에게 깊은 관심을 가지고 있는지 생각하라. 당신이 따뜻함과 애정을 표현할 때까지 하나님의 은혜를 묵상하라.

복음적 회개는 (예컨대 경건한 동기와 같은) '일편단심의 눈'을 수반한다

당신은 하나님의 영광과 다른 사람들의 유익을 위하여 일하는가? 아니면 당신은 인정 욕구, 편안함에 대한 사랑, 통제 욕구, 인정과 권력의 결핍, 또는 주변의 시선에 대한 두려움 때문에 일하는가?

당신이 다른 것들에서 찾고 있던 것들을 예수님이 당신에게 값없는 은혜를 주심으로써 공급하심을 기억하라. 그리스도가 당신의 기쁨과 즐거움이 되실 때까지 회개하라.

위의 글들을 묵상하고 기도하라.

2과 그룹 스터디

— 지난 과 요약

기도로 시작하라. 하나님이 모임 가운데 일하시도록 기도하라. 아래의 글을 소리 내어 읽으라. 지난 과의 요점을 정리하라.

우리가 사는 곳을 위한 번영과 평화를 추구해야 함을 지난 과에서 살펴보았다. 하나님은 예레미야 29장 7절에서 말씀하신다. "너희는 내가 사로잡혀 가게 한 그 성읍의 평안을 구하고 그를 위하여 여호와께 기도하라 이는 그 성읍이 평안함으로 너희도 평안할 것임이라."

우리는 도시와 단절되지 않고 섬기며 사랑해야 한다. 우리는 도시들이 피난처와 안식처, 정의의 장소이며, 문화 개발의 장소이며, 영적인 추구와 발견의 장소여야 함을 보았다. 그러므로 도시의 평화와 번영을 추구하기 위해, 도움과 보호가 필요한 사람들을 섬기며 사랑해야 한다.

이러한 그리스도인의 행동이 깨어진 세상에 하나님의 사랑과 정의를 불러온다. 문화를 창조하고 경작하며 사람들의 영적인 추구 가운데 궁극적인 충족을 주시는 그리스도를 보게 한다. 앞으로는 이러한 주제들에 대하여 자세히 살펴볼 것이다. 이 과의 주제는 복음과 마음이다.

- 3-5분 정도 홈스터디에 대해 토론하라. 당신에게 도움이 되었거나, 새로웠거나, 가슴이 뛰었거나, 또는 혼란스러운 것이 있었으면 무엇이든지 언급하라.

— 성경 본문 연구

누가복음 18장 9-14절을 소리 내어 읽으라. 그리고 다음의 질문들을 살펴보라.

1. 바리새인은 자신에 대해서 무엇이라고 말하는가(11-12절)? 바리새인은 위선자인가? 이에 대하여 토론하라.

2. 바리새인이 생각하는 의로움은 무엇인가? 그들은 그것을 어떻게 성취
   하는 것이라고 생각하는가?

3. 13절의 세리가 기도하는 내용은 일반적인지 않다. 영어 성경에서는
   "God, have mercy on me, 'a' sinner"(하나님이여 불쌍히 여기소서 나는 죄인이로소
   이다)라고 번역되어 있지만, 헬라어 원문에서는 정관사가 사용되었다.
   "God, have mercy on me, 'the' sinner." 세리의 태도에서 회개에 대해 무
   엇을 배울 수 있는가?

4. 존 스토트(John Stott)는 다음과 같이 썼다.

> '칭의'는 법률 용어다. 법정에서 주로 사용하는 용어다. 이는 '정죄'
> 에 정확히 반대이다. '정죄한다'는 것은 어떤 사람을 유죄라고 선
> 언하는 것인 반면, '칭의한다'는 것은 그가 의롭다고 선언하는 것이
> 다. 성경에서 이는 하나님의 행동을 가리키는 데 사용되며, 죄인을
> 자신과 바른 관계에 이르게 하기 위해서 은총을 베푸는 것을 의미
> 한다. 단지 용서하거나 방면하는 것이 아니라 용납하며 의롭게 수
> 용하는 것이다.[17]

예수님은 세리가 하나님 앞에 '의롭다 함을 받고' 집에 갔다고 하셨다.
이 말씀의 의미는 무엇인가? 본문은 칭의에 대해서 무엇을 가르치는가?

— 팀 켈러의 핵심 메시지

누가복음 15장 11-32절을 소리내어 읽으라. 우리의 마음을 지배하는 것이 무엇인지 탕자의 비유를 통해 살펴보자.

만일 우리 마음의 가장 깊은 곳에서 이렇게 말하고 있다면, 그것은 종교의 작동 원리이다. '만일 내가 충분히 착하다면, 만일 내가 충분히 친절하다면, 만일 내가 기준에 맞게 산다면, 나는 가치 있는 존재일거야.' 종교는 '내가 순종하므로 하나님께 용납된다'는 것이다. 비종교의 기본 작동 원리는 '나는 나 자신 외에 아무에게도 순종할 필요가 없어'이다. 그러나 복음의 기본 작동 원리는 이렇다. '예수 그리스도가 무한한 값을 치르셔서 하나님이 나를 받으셨다. 그러므로 나는 순종한다'이다.

예수님의 유명한 비유 속에서 그것을 분명히 본다. 그것은 누가복음 15장의 탕자의 비유이다. 이 본문에서 두 아들은 처음에 차원이 다른 사람같아 보였지만, 매우 비슷한 모습이다. 처음 볼 때는 한쪽은 창기를 좋아하고, 다른 한쪽은 도덕을 좋아한다. 그러나 그들의 마음을 보라. 결국 두 아들은 아버지가 아니라 아버지의 재산을 원했다. 그들 모두는 아버지의 마음보다 거기에 더 관심을 두었다. 그들은 삶에서 정말 원한 것, 즉 아버지의 재산을 갖기 위해 나름의 전략을 가졌다. 한 전략은 나쁜 사람이 되는 것이었고 다른 한 전략은 좋은 사람이 되는 것이었다. 그렇지만 그 결과는 둘 모두 아버지와 단절되었다. 하나는 영적으로 방황하여 집을 멀리 떠났고, 다른 하나는 집에 있으면서 영적으로 방황했다.

그러나 예수님은 두 아들의 방법이 다 틀렸고 세 번째 삶의 방법이 있다고 하셨다. 그것은 하나님의 사랑으로 시작된 복음이다. 이 이야기의 놀라운 결말에서 둘째 아들, 창기를 좋아했던 자, 나쁜 아들이 구원받았던 것이다. 그가 회개했기 때문이다.

당신은 둘째 아들인가? 첫째 아들인가? 아니면 당신은 복음으로 변화되어 우리의 참된 맏형이신 예수 그리스도의 형상으로 변화되고 있는 사람인가?

— 그룹 토론

5. 당신에게 새롭게 다가온 것은 무엇인가? 이를 통해 어떤 질문이 생각 났는가?

6. 두 형제 중 누구에게 공감하며 그 이유는 무엇인가?

7. 맏아들은 어떤 감정이나 태도를 보였는가? 이 이야기는 그가 하나님과
   어떤 관계에 있었음을 보여 주는가?

8. "우리의 나쁜 것들만을 회개하는 것이 아니라, 우리가 선한 일들을 행하는 그 이유들을 회개한다"는 것은 어떤 의미인가?

9. "오직 믿음으로 오직 은혜로 오직 그리스도의 대속적 사역을 통해서 의롭게 된다는 것에 대해 당신이 시험을 치른다면, 분명히 100점을 맞을 것이다." 만일 우리가 오직 은혜로 의롭다 하심을 받는다면 - 선행, 도덕적 노력, 또는 다른 무엇으로 되는 것이 아니라면 - 도대체 순종과 회개의 삶을 사는 동기부여는 어디에서 오는 것인가?

10. 만약 예수님이 우리의 진정한 맏형이라면, 삶을 살아가는 방식에 어떤 변화가 생기는가?

— 함께 기도하기

우리를 사랑하시려고 두 아들들을 모두 찾아오신 하나님을 찬양하라. 사랑을 시작하시는 주님께 감사하라. 진정한 맏아들이신 예수 그리스도의 값비싼 희생에 감사하라. 하나님이 이와 같으신 분임을 쉽게 망각하는 경우들을 고백하라. 오직 은혜로 살아가도록 간구하라. 죄와 자기 의로부터 벗어나서 새로운 자유를 얻는 회개의 삶을 살도록 하나님의 은혜를 구하라. 또한 하나님의 사랑과 용서를 더 깊이 경험하도록 간구하라.

— 홈 스터디 과제 소개

3과는 우상숭배의 개념에 초점을 맞춘다. 홈 스터디를 통하여 마음속 우상을 확인할 수 있을 것이다.

Chapter 3

우상숭배

가장 근본적인 죄

홈 스터디(Home study)

그룹 스터디(Group study)

3과 홈 스터디

"성경을 주의 깊게 살펴보면, 우상숭배는 머나먼 나라에서 일어나는 신상 숭배와 같은 유치하고 단순한 것이 아니라는 점을 알 수 있다. 그것은 불신앙을 묘사하는 주요 범주인데, 개인 심리, 사회 환경, 비가시적 세계 가운데 일어나는 동기부여의 복합적 양상들을 설명하는 섬세한 개념이다. 우상들은 이교도의 제단만 있는 것이 아니라 교육받은 인간의 마음과 지성에도 존재한다(겔 14장). 사도 바울은 인간의 탐욕, 정욕, 갈망, 그리고 탐심의 역동적 양상을 우상숭배로 설명했다(엡 5:5; 골 3:5). 성경은 우상숭배가 삶의 주변부에서 일어나는 현상이라고 국한하지 않는다. 오히려 삶의 중심에서 일어나는 문제이다."[18]

이 인용구는 성경 속에 가득한 우상숭배의 개념을 제시한다. 이번 과에서는 우상숭배가 성경 속에서 어떻게 다루어지는 가에 대하여 살펴볼 것이다.

"성경은 우상숭배가 삶의 주변부에서 일어나는 현상이라고 국한하지 않는다. 오히려 삶의 중심에서 일어나는 문제이다"라는 말에 동의하는가? 이 과제를 수행하면서 나에게 존재하는 우상들이 무엇인지 발견하고 기도하도록 하라.

― 구약성경에 나타난 우상숭배

태초에 - 우상숭배

인류는 하나님을 예배하며 섬기도록 지어졌다. 그리고 모든 피조물을 하나님의 이름으로 통치하도록 지음을 받았다(창 1:26-28). 그러나 우리는 죄를 지었다. 바울은 인류의 타락을 죄로 요약할 때, 우상숭배의 용어로 묘사했다. 그는 사람이 하나님을 영화롭게 하기를 거부하였다고 말한다(즉, 하나님을 가장 중요하게 여기지 않는 것이다). 하나님 대신에 다른 피조물의 일부를 선택했다. "썩어지지 아니하는 하나님의 영광을 … 바꾸었느니라 … 피조물을 조물주보다 더 경배하고 섬김이라"(롬 1:23-25). 즉, 우리는 원래 설계된 질서를 뒤집었다. 인류는 피조물을 예배하고 섬겼고, 피조물이 우리 위에 군림하게 되었다.

율법 - 우상을 금함

모세 시대의 가장 큰 죄는 황금 송아지를 만든 일이었다(출 32장). 십계명에서 가장 먼저이며 기본적인 법칙은 우상숭배를 금하는 것이다. 첫 번째 계명은 다른 신들을 예배하는 것을 금지한다. 두 번째 계명은 하나님을 자신이 (인간이) 원하는 어떤 모습으로 형상화해 우상숭배적으로 예배하는 것을 금지한다.

출애굽기 20-23장에서는 하나님의 언약을 위한 행위가 주어진 후에, 다른 신들과 언약을 맺는 것을 금하는 경고가 나온다(출 23:32). 그것들이 '올무'가 되기 때문이다(출 23:33). 출애굽기는 어떤 제3의 대안을 상정하지

않는다. 우리는 하나님을 예배하거나 아니면 피조된 무엇을(즉, 우상을) 예
배한다. 모든 개인, 인간 공동체, 인간의 사상은 무엇인가에 대한 궁극의
관심이나 충성에 근거한다. 루터는 이렇게 말했다.

> 하나님을 신뢰하지 않는 사람들은 첫 계명을 지키지 않는 것과 같다.
> 모든 일과 고난, 또는 삶과 죽음 속에서 하나님의 은총과 은혜와 선하
> 신 뜻을 신뢰하지 않는 사람들은 다른 것들이나 자신의 것들에서 하나
> 님의 은총을 구한다. 즉, 이러한 행위는 실제적인 우상숭배이다. 설령
> 그들이 다른 모든 계명들을 준수하며, 기도와 금식과 순종과 인내와 정
> 숙과 정결을 지켜 행한다고 하더라도 마찬가지다. 그들의 중심이 부재
> 하다면, 다른 것들은 단지 허위이며 겉치레이며 외식에 불과하다.[19]

시편 - 우상에 등 돌리는 기도

시편 저자들의 기도는 하나님을 향해 나아갈 뿐만 아니라, 우상에서
등을 돌리는 기도이다. 시편 24편 3-4절은 "누가 주님의 산에 오를 수 있
으며, 누가 그 거룩한 곳에 들어설 수 있느냐? 깨끗한 손과 해맑은 마음을
가진 사람, 헛된 우상에게 마음이 팔리지 않고, 거짓 맹세를 하지 않는 사
람이다"(새번역)라고 기도한다.

선지서 - 우상에 대한 논쟁

이사야, 예레미야, 그리고 에스겔은 우상숭배에 대하여 엄청나게 논
쟁을 한다. 첫째, 그들은 우상이란 헛되며, 아무것도 아니며, 무능함을 선

포했다. 우상은 인간이 만든 사물에 불과하다. 인간의 손으로 지은 것이다(사 2:8; 렘 1:16). 그러므로 우상은 인간이 자기 형상대로 지은 것이다. 그것은 어떤 면에서 자기 자신을 예배하는 것과 같다. 자신이 감각하는 것을 반영한 것이다(사 44:10-13).

둘째, 우상은 영적으로 위험한 세력이다. 인간의 모든 에너지를 빼앗아간다. 이것은 세 가지 측면에서 역설적이다. 1. 우상은 힘이 없기 때문에 힘을 더하려고 한다. 우상을 통해서 힘을 얻으려 할수록, 우상은 우리의 힘을 더 빠지게 만든다. 2. 우상은 마음과 생각에 심각한 영적 어두움을 가져온다(사 44:9, 18절). 3. 우상숭배자들은 거짓의 거미줄에 미혹된다(사 44:20).

셋째, 우상은 포로를 만든다. 예레미야는 '우상과의 관계는 연인에게 중독된 것과 같다'라고 비유한다(렘 2:25). 우상은 마음에 중독을 일으켜 철저히 우상에게 의존하게 만든다(사 44:17). 사람의 마음을 완전히 장악해 버린다(겔 14:1-5). 우상은 인간의 주인이 된다. 저술가 레베카 피펏(Rebecca Pippert)은 이렇게 말한다.

무엇이 우리를 지배 혹은 통제(control)하든지, 그것이 우리의 주인이다. 힘을 추구하는 사람은 힘에 의해 지배받는다. 인정받기를 추구하는 사람은 그가 기쁘게 하려는 사람에 의해 지배받는다. 우리가 우리를 지배하는 것이 아니다. 삶의 주인이 우리를 지배하는 것이다.[20]

— 신약성경에 나타난 우상숭배

에피쑤미아이(epithumiai)라는 단어는 '지나친 욕망들'(inordinate desires)을 의미한다(신약성경은 욕심, 사욕, 정욕 등의 여러 단어로 번역하고 있다 - 역자 주). 이 단어는 신약성경에 자주 등장하며 우상숭배와 깊은 관계가 있다.

모든 죄의 뿌리는 대상을 향한 지나친 욕망에 있다. 정도를 벗어난 욕망들은 우리가 그리스도 안에서 의로움과 구원을 찾지 않고, 우상을 의지하기 때문에 생겨나는 것이다. 이런 이유로 그리스도인의 성품을 다루는 신약성경 본문에는 에피쑤미아이가 자주 등장한다. 대표적 예로, '성령의 열매'를 다루는 갈라디아서 5장 22-26절이 있다. 저술가이자 상담가인 데이비드 폴리슨(David Powlison)은 이렇게 설명한다.

> 만약 우상숭배가 인간이 하나님을 떠난 모습을 설명하는 구약성경의 특징적이고 요약적인 표현이라면, '욕망들'(에피쑤미아이)은 하나님을 떠난 인간의 모습을 신약성경이 설명하는 특징적이고 요약적인 단어이다.[21] 둘 다 인간 존재의 핵심 문제를 다룬다. 신약성경은 우상숭배의 개념과 삶을 군림하는 욕망을 통합하고 있다. 우상숭배는 마음의 문제이며, 인간의 정욕, 갈망, 동경, 탐심에 대한 비유이다.[22]

로마서 1장 18-25절

이 본문은 우리가 우상을 만들어 내는 이유로 삶을 통제(control)하고 싶어서라고 말한다. "하나님을 알되 하나님을 영화롭게도 아니하며 감사하지도 아니하고"(롬 1:21).

25절은 지배(혹은 통제)를 위해서 사용되는 방법들을 알려 준다. 피조물 중에서 무엇을 취해서 그것에 마음을 두며 그 위에 삶을 건축하려 한다. 인간은 창조된 존재이기 때문에 예배하는 존재이다. 하나님을 우리 마음에서 제거할 때는 반드시 다른 대체물을 만든다. "이는 그들이 하나님의 진리를 거짓 것으로 바꾸어 피조물을 조물주보다 더 경배하고 섬김이라"(롬 1:25).

갈라디아서 4장 8-9절

바울은 "우상숭배로 되돌아가지 말라"라고 말한다. 그는 갈라디아 교인들에게 "그러나 너희가 그때에는 하나님을 알지 못하여 본질상 하나님이 아닌 자들에게 종노릇 하였더니 이제는 너희가 … 어찌하여 다시 약하고 천박한 초등학문으로 돌아가서 다시 그들에게 종노릇 하려 하느냐?"(갈 4:8-9)라고 말한다.

갈라디아 교인들이 할례를 받으라고 가르치는 사람들을 따르는 것은 위험한 행위였다. 당시에는 도덕주의로 돌아가도록 유혹하는 사람들, 구원에 대한 이해를 흐리게 하는 사람들이 있었다. 바울은 그들의 행동을 우상숭배라고 표현했다. 그 의미는 매우 중요하다.

그리스도가 아닌 다른 것이 당신을 구원하는 원천이라면, 우상숭배에 빠진 것이다. 어떤 조각상 앞에 제물을 바치든지 아니면 양심과 도덕을 통해 천국에 갈 자격을 구하거나, 하나님 외에 다른 것을 당신의 궁극적인 소망으로 삼으면 우상이 된다. 그것은 예속으로 이어진다.

요한일서 5장 21절

요한일서의 마지막 구절을 읽어 보자. "자녀들아 너희 자신을 지켜 우상에게서 멀리하라."

요한은 서신서 전체에서 우상숭배에 대하여 단 한 번도 언급하지 않았다. 그러므로 여기에서 두 가지 중에 한 가지 결론을 도출할 수 있다. 요한이 마지막 문장에서 전체 주제를 새롭게 하거나, 이제까지 서신서에서 말한 것을 요약하는 것이다. 아마도 빛(거룩), 사랑, 진리 안에서 사는 삶을 요약한 것으로 보는 것이 더 타당할 것이다. 이 의미는 매우 중요하다. 앞서 요한은 짧은 문장을 통해, 서신서에서 긍정적인 방식으로 표현했다. 그런데 여기에서 모든 것을 부정적인 방식으로 요약하고 있다. 이것이 의미하는 바는 이렇다.

거룩, 사랑, 진리 가운데 행할 수 있는 유일한 길은 우상이 없는 삶을 사는 것이다. 거룩과 우상은 상호 배타적이다. 거룩하게 살아가지 못할 때 자신도 모르는 사이에 우상숭배가 다른 형태로 숨어 있는 것이다.

— **당신의 우상을 분별하라**

왜 우리는 거짓말을 하는가? 왜 사랑하지 못하는 것인가? 왜 이기적으로 사는가? 물론, 일반적인 답은 '우리가 약하고 죄인이기 때문'이다. 그러나 구체적인 답은 예수 그리스도 외에 다른 무엇이 있어야만 행복하다고 느끼기 때문이다.

마음에 하나님보다 더 중요한 무엇인가가 있다. 과도한 욕망들을 통해 마음을 빼앗기는 것이 존재한다. (자기 이해와) 변화의 열쇠는 마음속 우상을 분별하는 일이다. 신학자이자 저술가인 토마스 오든(Thomas Oden)은 말했다.

> 모든 자아는 가치들과의 관계 속에서 살아간다. 그 가치들은 살아갈 의미를 부여하는 것으로 받아들여진다. '가치'는 피조 세계 가운데 좋은 무엇이다 - 어떤 사상, 관계, 대상, 또는 사람이 될 수 있다. 유익을 주고 중요성을 부여할 수 있는 것이다. 그 가치들은 서로 경쟁한다. 때가 되면 사람은 '가치의 중심'을 선택하기 마련이며, 그것으로 다른 가치들을 판단한다. 어느 유한한 가치를 너무 높여서 중심으로 삼고, 그것을 최종적 의미의 원천이라고 상상한다면, 그것은 어떤 것을 … 우상으로 … 선택한 것이다. … 유한한 가치일 뿐인데, 그것 없이는 삶을 즐겁게 살 수 없다고 본다면, 그 사람은 우상을 가진 것이다.[23]

일반적으로는 우상 체계들(idol-structures)을 분석하지는 않는다. 예를 들어, 돈은 우상이다. 그러나 돈은 전혀 다른 우상을 섬기는 통로로 사용되기도 한다. 어떤 이들은 자신의 세계와 삶을 통제하기 위한 수단으로서 돈을 원한다(그런 경우에는 대개 돈을 소비하지 않으며 저축한다). 반면에 어떤 이들은 사회적 상승의 수단으로서 돈을 원하며, 자신을 아름답고 매력적인 사람으로 가꾸기 위해서 돈을 원한다(이런 경우에는 자신에게 돈을 소비한다).

동일하게 성(sex)에 대해서 생각할 수 있다. 어떤 이들은 다른 사람을 지배하기 위한 수단으로 성을 사용한다. 반면에 어떤 이들은 인정받고 사랑받고 싶어서, 또 다른 이들은 단지 쾌락이나 위로를 얻기 위해서 성을 사용한다. 리처드 키스(Richard Keyes)는 "우상 공장"(The Idol Factory)이라는 에세이를 썼다.

온갖 종류의 것들이 잠재적 우상이다. 만약 이것이 사실이라면, 무엇이 우리에게 우상이 되고 있거나, 되었을 때 그것을 분별할 수 있을까? 우리가 충성하는 대상이 하나님께 불순종하게 만들 때, 그것은 우상이 된다. 우상은 물체일 수도 있고, 재산일 수도 있고, 사람, 활동, 역할, 제도, 희망, 상상, 의견, 영웅일 수도 있다.

- 일 - 만일 배타적 우선순위로 추구되다가 가족에 대한 의무가 무시된다면 하나님의 명령이지만 우상이 될 수 있다.
- 가정 - 만일 가족에 대한 집착이 커져서 가족 이외의 다른 사람들은 돌아보지 않는다면 하나님이 제정하신 제도이지만 우상이 될 수 있다.
- 인정 - 인정받는 것에 마음이 빠져서 인정받지 못하는 것을 견디지 못한다면 완전히 합당한 소망이지만 우상이 될 수 있다.

다음의 질문에 답하라. 당신의 우상을 분별하기 위한 작업에 도움을 받을 것이다.

1. 가장 두려워하는 것은 무엇인가? 가장 걱정하는 것은 무엇인가?

2. 일이 안 되거나 상황이 어려워질 때 무엇을 의지하는가? 무엇을 통해서 위안을 얻는가?

3. 자아존중감을 가장 크게 느끼는 것은 무엇인가? 내가 가장 자랑스러워
  하는 것은 무엇인가?

4. 인생에서 가장 원하는 것은 무엇인가? 무엇을 가장 기대하는가? 무엇
  이 나를 행복하게 하는가?

다음의 글을 읽고, 당신에게 가장 많이 공감되는 생각들에 표시해 보라.

〈표2〉

"내가 다른 사람들에게 힘과 영향력을 끼칠 수 있어야만   삶이 의미가 있다 / 내가 가치 있다." (힘의 우상숭배)
"_____에 의해서 사랑받고 존중받아야만   삶이 의미 있다 / 내가 가치 있다." (인정 우상숭배)
"어떤 종류의 즐거운 경험과 삶의 질을 누려야만   삶이 의미 있다 / 내가 가치 있다." (편안함 우상숭배)
"내가 사람들을 돕고 사람들이 나를 필요로 해야만   삶이 의미 있다 / 내가 가치 있다." (도움 우상숭배)
"사람들을 돌봐야 할 의무감이나 책임감이 전혀 없어야만   삶이 의미 있다." (독립 우상숭배)
"내가 생산성이 높고 많은 일을 이루어야만   삶이 의미 있다 / 내가 가치 있다." (일 우상숭배)
"성취한 것으로 인정을 받고 직장에서 탁월해야만   삶이 의미 있다 / 내가 가치 있다." (성취 우상숭배)
"어떤 수준 이상의 부가 있고, 경제적 자유가 있고, 괜찮은 소유물이 있어야만   삶이 의미 있다 / 내가 가치 있다." (물질주의 우상숭배)
"종교적 신념을 잘 따르고 종교 활동을 잘 해야만   삶이 의미 있다 / 내가 가치 있다." (종교 우상숭배)

"한 사람이 나와 함께하고 그가 행복해야만 삶이 의미 있다 / 내가 가치 있다."
(한 사람 우상숭배)

"제도 종교의 필요성 없이 혼자서 바르게 살아갈 때 삶이 의미 있다 / 내가 가치 있다."
(무종교 우상숭배)

"나의 민족과 문화가 탁월하고 우월하다고 느낄 때 삶이 의미 있다 / 내가 가치 있다."
(민족/종족의 우상숭배)

"특정한 사회 계층이나 직종 집단 또는 사람들의 그룹에 들어가야만 삶이 의미 있다 /
내가 가치 있다." (내집단 우상숭배)

"자녀들과 부모님이 행복하며, 나와 함께 행복해야만 삶이 의미 있다 / 내가 가치 있다."
(가족 우상숭배)

"진짜 괜찮은 사람이 나를 사랑해야만 삶이 의미 있다 / 내가 가치 있다."(연애 우상숭배)

"고난 받고, 어려움을 겪을 때에만 내가 사랑받아야 할 가치가 있다/ 죄책감을 경감할 수
있다.(고난 우상숭배)

"내가 가진 정치적인 신념이나 사회적 대의를 통해 발전을 이루고 영향력이나 힘을 증가
시켜야만 삶이 의미 있다/내가 가치 있다."(사상 우상숭배)

"특정한 외모나 체형을 가져야만 삶이 의미 있다/내가 가치 있다."(외모 우상숭배)

만일 당신이 앞의 리스트에서 첫 번째 네 가지 중에 하나에 동그라미를
했다면, 다음 쪽의 〈표3〉을 통해서 도움이 될 만한 것을 찾아볼 수 있다.

〈표3〉

당신이 추구하는 것	가장 두려운 것	주변 사람들이 받는 느낌	당신의 문제적 감정
힘 (성공, 승리, 영향력)	굴욕	이용당했다	분노
인정 (지지, 사랑, 관계)	거절	숨이 막힌다	비겁
편안 (사적 공간, 스트레스 없는 삶, 자유)	스트레스, 요구사항	무시받았다	권태
통제 (자기 절제, 확실성, 뚜렷한 기준)	불확실성	판단받았다	염려

위의 질문에 답했다면, 공통 주제들을 찾아보라. 당신에게 어떤 것들이 중요한 자리를 차지하고 있는가? 당신의 우상은 무엇인가?

— 당신의 우상을 제거하라

개인의 변화에 대한 세 가지 접근법이 있다.

'도덕화' 접근법

기본적인 분석: 당신의 문제는 잘못 살고 있다는 것이다. 회개하라!

이 접근법은 행동에 초점을 맞추지만 깊이 들어가지는 못한다. 우리의 행동에 대해 '왜'(이유)를 찾아내야만 한다. 내가 잘못된 행동을 하는 이유는 무엇인가? 어떤 과도한 욕망들이 나를 이끌고 있는가? 행동 뒤에 숨어 있는 우상과 거짓 신념은 무엇인가?

"회개하고 행동을 고쳐라"고 누군가에게 (또는 당신에게) 말하는 것은 불충분하다. 왜냐하면 당신은 여전히 "도덕 표준을 따라 산다고 하더라도 특별한 것을 갖지 못한다면, 실패자이다"라고 믿기 때문이다.

당신은 반드시 그 모든 것 아래 있는 죄를 - 그것은 바로 당신의 우상이다 - 회개함으로써 이 신념을 교체해야 한다.

'심리화' 접근법

기본적인 분석: 당신의 문제는 하나님이 당신을 있는 모습 그대로 사랑하신다는 것을 믿지 않는 데 있다. 기뻐하라!

이 접근법은 느낌에 초점을 맞추며, 행동보다 더 깊이 들어가는 것처럼 보인다. 그러나 여전히 충분히 깊이 들어가지 못한다. 우리의 감정에 대해 '왜'(이유)를 찾아야만 한다. 왜 우리는 이런저런 일이 생길 때, 절망의(두려움이나 분노의) 감정을 경험하는가? 좌절감을 느낄 때 지나친 욕망들이 작동하는 것인가? 그 감정들 아래 어떤 우상과 가짜 신념이 있는가?

"하나님은 당신을 사랑하신다. 그러니 기뻐하라!"고 누군가에게 (또는 당신에게) 말하는 것만으로는 불충분하다. 왜냐하면 당신은 여전히 "하나님이 나를 사랑하신다고 하더라도 나에게 이것이 없다면, 여전히 실패다"라고 생각하기 때문이다.

당신은 이 모든 것 - 당신의 특정한 우상 - 아래에 있는 죄를 회개함으로써 이 신념을 대체해야 한다.

'복음' 접근법

기본적인 분석: 당신의 문제는 행복을 그리스도 외에 다른 것에서 찾는 것이다. 이제까지 우상을 예배해 온 것이며, 참되신 하나님을 거부해 온 것이다. 우상에서 돌이키며 하나님을 기뻐하라!

이 접근법은 특정 죄들과 나쁜 기분 뒤에 있는 진짜 죄를 직면할 수 있게 한다. 우리의 문제는 자신을 우상에게 넘겨 주었다는 점이다. 모든 우상 체계는 우리의 공로에 의한 구원 체계이다. 그것은 언제나 우리를 '율법 아래'에 가둔다.

바울은 우리가 율법 아래에서부터 나올 때 죄의 굴레가 끊어진다고 말한다. 이것은 우리가 그리스도의 공로에 의한 구원 복음을 믿기 시작할 때 일어난다. 오직 우리가 그리스도 안에서 의로운 존재라는 것을 새롭게 인식할 때 비로소 우상의 권세가 깨진다. "죄가 너희를 주장하지 못하리니 이는 너희가 법 아래에 있지 아니하고 은혜 아래에 있음이라"(롬 6:14).

당신이 '은혜 아래에' 있으며 우상의 지배력에서 벗어나게 되는 것은 다음 두 가지가 일어나는 정도에 달려 있다. 첫째, 당신의 우상들을 회개한다. 둘째, 그리스도의 구원 사역과 사랑 안에 안식하며 기쁨을 누리게 된다.

우상들을 대체하기 위해서는 예수님이 주시는 특정한 것들을 기뻐하는 법을 배워야 한다. 당신의 마음에 어떤 종류의 불순종이나 비참함이나 유혹이나 짜증이나 분노와 같은 것들이 마음을 사로잡는 것을 볼 때마다 다음을 물으라.

1. 어떤 방식으로 이런 것들이 생겨나는가? 오직 예수님만이 나에게 주실 수 있는 것을 어떤 사람이나 대상에게서 갈구함이 나에게 어떤 영향을 미치는가?

2. 그리스도는 나에게 내가 다른 곳에서 찾았던 것을 더 완전하고 더 은혜롭고 더 적합한 어떠한 방식으로 주시는가?

그 다음 주님이 하신 것과 주님이 주신 것을 즐거워하며 생각하라. 토마스 찰머스(Thomas Chalmers)는 *The Expulsive Power of a New Affection*(새 감정의 강력한 능력)라는 책에서 이렇게 썼다.

우리의 어떤 것들이 [나쁜 습관이나 결점이] 단지 자연 소멸하는 경우는 드물다. 단지 이성의 기능을 통해서 이루어지는 경우도 드물다. 정신적 결심만으로 소멸하는 경우도 희박하다. 그러나 그런 식으로 파괴될 수 없는 것들이 해제될 수는 있다.

입은 한 가지 맛을 느끼면 다른 한 가지는 사라진다. 마찬가지로 마음의 영향력이 사라지면 힘을 완전히 잃는다. 어떤 대상을 향한 마음의 갈망은 공격불가능하다. 옛 정서의 마음을 무장해제하는 유일한 방법은 새로운 정서가 마음에 들어와 과거의 것을 쫓아내는 것이다.

　마찬가지로 수많은 하나님의 자녀들이 이를 고백했다. 예수 그리스도 안에 있는 믿음을 통하여, 입양된 자녀의 영이 우리에게 부어진다. 그때 마음은 지난날 욕망의 폭정으로부터 해방된다. 이는 마음이 크고 강력한 감정의 통제 아래 들어올 때이다. 오직 이 방법으로만 해방이 가능하다. [25]

당신이 우상을 분별하기 위해 작성했던 리스트를 다시 보라(〈표2〉 참조). 당신의 우상들을 회개할 수 있도록 기도하라. 예수님이 주신 구원의 은혜를 즐거워하도록 기도하라. 오직 당신의 구원과 신분이 되시는 그리스도만을 바라보도록 기도하라. 당신에게 영향력을 행사했던 우상들의 무력을 깨뜨릴 수 있도록 기도하라. 다음의 내용이 기도에 도움이 될 것이다.

우상을 확인하라

기도 가운데 이것들을 하나님께 아뢰라. 기도의 예는 다음과 같다.

"주님, ○○○(우상) 위에 내 삶과 마음을 건축했었습니다."

우상숭배를 회개하라

우상은 그 자체로는 약하고 보잘 것 없음을 기억하라. 기도하며 우상이 유한하고 약한 것임을 고백하라. 필요한 모든 것의 원천이 되시는 하나님을 찬양하라. 기도의 예는 다음과 같다.

> "주님 ○○○(우상)은 좋은 것입니다. 그러나 어느 순간 ○○○이 제게 절대적이 되었습니다. 도대체 이유가 무엇일까요? 저는 이것이 필요하지 않습니다. 이것은 당신처럼 나를 사랑할 수도 없고 도울 수도 없습니다. 나의 삶은 내 것이 아닙니다. 예수님이 나의 삶입니다. 이것은 나의 가치와 존재감이 아닙니다. 이것은 나에게 그 무엇도 줄 수 없습니다. 그러나 당신은 주실 수 있고 주셨습니다!"

그것들이 (당신에게) 얼마나 위험한 것인지를 인지하라. 우상은 옥죄는 습성이 있다. 그리고 결코 만족하는 법이 없다. 그것들이 당신을 점진적으로 죽고 있음을 깨달으라. 기도할 때 그것들이 당신에게 치명적으로 중요해졌음을 회개하라. 위대하신 하나님께 도우심을 구하라. 다음과 같이 기도할 수 있다.

> "주님, 언제부터인가 ○○○(우상)이 제게 큰 힘을 행사하게 됐습니다. 그것이 제 목을 조입니다. 더 이상 그렇게 하지 않겠습니다. 이것은 결코 나의 주인이 되지 않을 것입니다. 하나님만이 나의 유일한 왕이십니다."

그것들이 얼마나 (그리스도를) 상실하게 하는 것인지를 인정하라. 우상을 (당신의 분노, 두려움, 좌절 속에서) 애타게 갈망할 때, 당신은 이렇게 고백하는 셈이다. "주님, 당신으로 충분하지 않습니다. 이것이 당신보다 더 아름답고, 만족을 주며, 나의 입에 달콤합니다. 당신은 타협할 수 있지만, 이것은 타협할 수 없습니다."

기도하며 당신이 얼마나 깊이 예수님을 상심하게 했으며 무시했는지를 인정하라. 그리고 용서를 구하라. 다음과 같이 기도할 수 있다.

"주님, ○○○(우상)을 이상화하는 것이 얼마나 혐오스러운지요. 제가 이것을 갈망하면서, 저를 향한 하나님의 사랑을 짓밟았습니다. 저에게 감사가 결여되었음을 고백합니다. 나를 위해 행하신 하나님의 섬김에 대해 감사의 기쁨이 결여되어 있었습니다."

그리스도를 기뻐하라

만일 성령님이 복음의 진리들을 당신의 마음에 - 당신이 기도하고 찬송하고 묵상할 때 - 새겨 주시지 않는다면 당신에게 아무 효과가 없을 것이다. 정해진 묵상과 기도의 시간에 회개하고 기뻐하는 시간을 가지는 것이 중요하다. 이뿐 아니라 낮 시간에 당신의 마음이 우상숭배로 빠져들어 갈 때 마음을 인지하고 붙잡는 일이 중요하다. 또한 성실한 묵상을 통해 재빠르게 회개하고, 기뻐하는 마음을 익혀서 마음을 새롭게 해야 한다. 유혹의 시간에 대한 예시 기도문은 다음과 같다.

"주님, 당신 앞에만 충만한 기쁨과 만족이 있습니다(시 16:11). 그렇지만 저는 다른 것에서 위로를 찾고 있었습니다. 제가 시험받고 있는 이것은 잠깐 사라질 위로에 지나지 않습니다. 그렇지만 당신의 기쁨은 - 처음에는 작게 시작할지라도 - 크게 빛나 한낮의 광명에 이릅니다(잠 4:18). 즐거움의 우상을 제거하여 주십시오. 우상은 저에게 필요한 기쁨을 결코 줄 수 없습니다."

요한복음 6장 5-13, 32-40절을 묵상하라. 불안한 시간을 위한 예시 기도문은 다음과 같다.

"주님, 저는 오직 은혜로 살아갑니다. 일이 잘 풀려야 할 자격은 없지만, 하나님이 모든 것이 합력하여 선을 이루도록 일하심을 압니다(롬 8:28). 왜냐하면 그리스도 안에서 당신이 나를 사랑하시기 때문입니다. 인생의 안전은 운이나 나의 노력에 달려 있는 것이 아니라, 나를 향하신 하나님의 자비로운 사랑에 달려 있습니다. 당신은 내 머리의 모든 머리카락을 세셨습니다(마 10:30-31). 그리고 나의 눈물을 모두 계수하셨습니다(시 56:8). 다른 누가 저를 사랑하는 것보다 당신은 훨씬 많이, 탁월하게 저를 사랑하십니다. 제 안에 있는 안전의 우상을 제거하여 주십시오. 그것은 결코 제게 필요한 안전을 주지 않습니다.

누가복음 8장 22-25절 및 마가복음 4장 35-41절을 묵상하라. 분노를 위한 예시 기도문은 이렇다.

"주님, 제가 복음을 잊고 있을 때, 조급하며 정죄하게 됩니다. 주님이 저에게 무한히 인내하셨음을 망각합니다. 당신은 노하기를 더디 하시며 인자하심이 풍성하십니다(시 145:8). 주변 사람들에게 제 마음이 부드럽지 않거나 자비하지 않을 때, 저는 은혜를 잊은 종과 같습니다. 큰 빚을 탕감받았지만 동료에게 완고했던 사람과 같습니다(마 18:21-35). 힘의 우상을 제거하여 주십시오. 제 뜻대로 되어야만 하는 마음 때문에 저는 다른 사람들에게 너무나 완고한 사람이 되고 있었습니다."

마태복음 26장 36-46절을 묵상하라. 거절감과 무가치함으로 씨름할 때를 위한 예시 기도문은 다음과 같다.

"주님, 제가 복음을 잊고 있을 때, 저는 사람들의 웃음에 의존하고 평가에 매달렸습니다. 그들이 나를 판단하도록 두었습니다. 그들의 비난을 들었을 때는 마치 내 존재가 저주받은 것만 같았습니다. 그러나 당신은 저에게, 이제 더 이상 정죄함이 없다고 이야기하셨습니다(롬 8:1). 주님은 기뻐하시며 노래하십니다(습 3:14-17). 저로 하여금 당신의 사랑으로 만족하게 하소서(시 90:14). 인정(approval)의 우상을 제거하여 주십시오. 이 우상은 제가 필요한 것을 결코 줄 수 없습니다."

요한복음 15장 9-17절과 17장 13-26절을 읽고 묵상하라. 위에 언급한 네 가지 외에 다른 우상들을 가지고 있을 것이다. 예컨대, 당신은 과거에 대한 죄책감이나 삶의 고됨에 대해 특정한 문제를 느낄 수 있다. 위에서 살펴본 것과 동일한 양상으로 살펴보자. 우상이 줄 수 없는 것을 예수님은 어떻게 우리에게 주시는가?

예수 그리스도에게 기도하라. 주님의 공급하심에 감사하면서 성경에서 구체적이며 가시적으로 그 선물이나 삶의 질을 제시하는 약속을 찾고 묵상하라.

3과 그룹 스터디

― 지난 과 요약

기도로 시작하라. 하나님께서 모임 가운데 일하시도록 기도하라. 아래의
문단을 소리 내어 읽고 지난 시간의 요점을 요약하라.

앞서 우리는 누가복음 15장을 통해 두 아들의 비유를 살펴보았다. 두
아들은 아버지의 소유를 가지려던 각기 다른 방식이 있었다. 마찬가지
로, 우리는 스스로 구원자와 주인이 되려는 두 가지 방식이 있음을 보
았다. 한 아들은 나쁜 삶을 사는 방식을 선택했다. 다른 아들은 착한 삶
을 사는 방식을 택했다. 우리가 내린 결론은 하나님을 대하는 세 가지
방식이 있다는 점이다 - 비종교, 종교, 그리고 복음. 비종교는 전혀 회
개하지 않는다. 종교는 단지 죄만 회개한다. 그러나 그리스도인들(복음)
은 자신의 죄와 아울러 자신의 의를 회개한다.

또한 우리는 종교가 인간 마음의 기본이며 동시에 마음의 변화 없는 규칙에 대한 순응적인 행동은 피상적이며 일시적임을 살펴보았다. 복음에 대한 믿음이 성장하며 깊어질 때에만 우리의 동기가 새롭게 만들어지고, 자기에 대한 이해와 정체성이 달라지며, 세상을 보는 방식이 변화된다. 오직 복음이 우리의 마음을 변화시킨다.

이제 우리는 복음과 마음의 주제를 계속해서 살펴볼 것이다. 어떻게, 그리고 왜 우리의 마음이 우상들을 만들어 내는지를 볼 것이다.

• 3-5분 정도 홈스터디에 대해 토론하라. 당신에게 도움이 되었거나, 새로웠거나, 가슴이 뛰었거나, 또는 혼란스러운 것이 있었으면 무엇이든지 언급하라.

— 성경 본문 연구
로마서 1장 18-25절을 소리 내어 읽으라. 그리고 다음의 질문들을 살펴보라.

1. 우리의 마음과 생각이 "허망하여지고" "어두워지는" 이유는 무엇인가?(특히 21절을 살펴보라)

2. 본문에서 우상숭배의 결과가 삶에서 어떻게 나타났는가? 이것이 당신의 삶에서도 나타났는가? 당신의 경우를 나누어 보라.

3. 본문은 하나님의 진노에 대해 무엇을 우리에게 가르쳐 주는가?

4. 존 칼빈은 사람의 마음을 '영구적인 우상 공장'이라고 했다.[26] 개인적으로 어떤 우상들을 가지고 있는가?

― 팀 켈러의 핵심 메시지

우리 마음을 중독시키는 우상이 무엇인가 살펴보라.

무엇이든 우상이 될 수 있다. 직업, 가정, 신체적 매력, 로맨스, 사람의 인정, 경제적 안정 등 무엇이라도 가능하다. 당신의 삶 속에 우상숭배가 있는지 보여 주는 증상이 무엇일까?

유명한 심리학자인 알프레드 애들러가 말했다. "당신이 무엇을 위해 살고 있냐고 질문해서는 그 답을 알기는 어렵다. 그러면 당신이 이렇게 대답할 것이기 때문이다. '나는 가족을 위해 살아요', '나는 하나님을 위해 살아요', '나는 다른 사람들을 위해 살아요.' 그러나 당신이 무엇을 위해 사는지 정말 알고 싶다면 당신의 최고의 악몽이 무엇인지 자문하라. 무엇이 없다면 살 의욕마저 잃을까? 그것이 바로 당신의 우상이다. 왜냐하면 무엇이든 빼앗겼을 때 삶의 의욕마저 잃는다면 그것이야말로 당신의 우상이기 때문이다."

그것을 잃었을 때 그냥 힘든 게 아니라 완전히 무너지는 것, 로마서 1장 8-25절은 우상숭배의 속성과 힘을 설명해 주는 고전적인 성경 본문이다. 이 본문에서 바울은 삶의 모든 와해를 보여 준다 영적, 심리적, 사회적, 문화적 와해는 모두 우리가 창조주보다 피조물을 예배하고 섬겼기 때문에 일어난다는 것이다.

또한 마르틴 루터는 "모든 행위적 죄 밑에는 우상숭배의 죄가 있다. 그리고 모든 우상숭배 행위 아래에는 복음에 대한 불신이 있다"라고 했다. 어떤 우상들이 당신의 멱살을 잡고 마음을 지배할 때 당장 예수님을 바라보라. 그러면 당신을 지배하는 것들이 힘을 잃을 것이다. 예수 그리스도가 당신을 위해 하신 일 안에서 즐거워하고 안식할 때만이 당신의 우상을 제거할 수 있다. 예수님을 주목하라.

— 그룹 토론
5. 당신에게 새롭거나, 감명 깊었던 것은 무엇인가?

6. "진정한 변화를 원한다면 예수 그리스도가 당신에게 가장 중요하고 긍정적인 열정이 되어야만 한다." 언제 그리고 어떻게 이 말이 당신의 삶이나 타인의 삶에서 참됨을 발견하였는가?

7. 윌리엄 템플(William Temple) 대주교는 말했다. "종교는 당신이 혼자 있을 때 행하는 것이다."[27] 당신이 혼자 있을 때 무엇을 가장 많이 생각하는가? 당신의 생각은 어디로 자연스럽게, 본능적으로, 습관적으로 흘러가는가? 당신의 우상이 무엇인지 분별하는데 이것이 어떻게 도움이 되는가?

8. "모든 죄의 행동은 우상숭배가 바탕이다. 모든 우상숭배는 복음에 대한 불신이 깔려 있다." 이 말에 동의한다면 왜 그런가? 동의하지 않는다면 이유는 무엇인가? 우리의 마음과 삶이 정말로 변화되는 것에 대해 어떤 시사점이 있는가?

9. 비노스 라마찬드라(Vinoth Ramachandra)는 자신의 저서 *Gods That Fail*(실패하는 신들)에서 시편 115편을 인용한다. "우상들을 만드는 자들과 그것을 의지하는 자들이 다 그와 같으리로다."그의 결론은 충격적이다. "우리는 우리가 예배하는 대상들처럼 변한다."[28] 정말 그러한가? 어떤 점에서 그런가 왜인가?

10. 우리는 어떻게 구체적인 방식으로 그리스도를 삶 전체의 왕이며 통치자로 모시고 살 수 있는가?

— 함께 기도하기

당신의 우상들을 회개하라. 예수님의 구원과 사랑을 기뻐할 수 있도록 기도하라.

— 홈 스터디 과제 소개

4과의 내용을 안내하기 위한 숙제는 읽을 자료와 연습할 것들을 포함하고 있다. 다른 사람들을 받아 주고, 나누고, 그리스도인 공동체 가운데 섬기는 것에 대한 연습들을 포함한다.

복음이
'공동체'를 어떻게
변화시키는가

Chapter 4

공동체

변화의 장

홈 스터디(Home study)

그룹 스터디(Group study)

4과 홈 스터디

프린스턴대학의 로버트 우스노우(Robert Wuthnow)는 소그룹의 가장 큰 어려움으로 개인이 타인 앞에서 자기에게 초점을 맞추는 계기를 제공하는 것임을 발견했다. 구성원들을 하나로 묶는 사회적 계약들은 가장 약한 의무만 강조한다. '시간이 있으면 오라. 말하고 싶으면 말하라. 다른 사람들의 의견을 존중하라. 결코 비판하지 말라. 불만족하면 조용히 떠나라.' 《일상생활의 외로움 극복하기》*Overcoming Loneliness in Everyday Life*에서 두 명의 보스턴 심리치료사들은 다음과 같이 말한다.

> 우리가 잃어버린 소속감을 복제하는 데 실패했다. 매주 모임에 참석하는 것, 원할 때 참여하고 빠지는 것, 좀 더 만족스럽거나 매력적인 모임을 찾아보는 것 - 이 모든 요소들은 진정한 공동체의 성장과 반대된다.[29]

그리스도인들은 예배에 참석하고 소그룹에 참여함으로써 공동체에 속하기를 기대한다. 위의 인용구가 지적하듯, 매주 소그룹이 모이지만, 반드시 진정한 공동체를 만드는 요소는 없을 수도 있다. 왜냐하면 우리의 우상과 마음의 습관들로 인하여 교회 모임은 단지 '개인들이 다른 사람들 앞에서 자기에게 초점을 맞추는' 장소가 될 수 있기 때문이다.

공동체로 살아간다는 것은 깊은 성찰과 값비싼 대가가 필요하다. 이번 과제를 통하여 그리스도인 공동체는 과연 어떤 것인지를 생각해 보는 일에 도움이 되기를 바란다.

— 공동체의 신학

무엇이 기독교 공동체인가? 여기에는 세 가지 주요 답변이 있다.

첫째, 하나님의 백성 - 그분의 복음을 통해 믿음으로 창조된 백성

기독교 공동체는 죄를 회개하고 그리스도를 믿는 사람들로서 복음, 곧 은혜의 메시지에 대한 공통 경험을 한 사람들로 구성된다. 이것에 대한 강력한 성경적 비유는 시내산의 회중이다. 하나님은 말씀하셨다. "내가 애굽 사람에게 어떻게 행하였음과 내가 어떻게 독수리 날개로 너희를 업어 내게로 인도하였음을 너희가 보았느니라. 세계가 다 내게 속하였나니 너희가 내 말을 잘 듣고 내 언약을 지키면 너희는 모든 민족 중에서 내 소유가 되겠고"(출 19:4-5). "내가 노역에서 너희를 건지며 너희를 속량하여 너희를 내 백성으로 삼고 나는 너희의 하나님이 되리니"(출 6:6-7).

출애굽기 19장 4-5절의 순서에 주목하라. 먼저 하나님은 그들을 노예에서 구원하신다. 그 결과로, 그들은 하나님의 법을 지키고 그분의 뜻에 따라 살아가야만 한다. 그들이 먼저 하나님의 법을 지켜서, 그들의 공로의 결과로 인하여 하나님이 그들을 구원하신 것이 아니다. 그들은 오직 은혜로 구원받아서 하나님께 자신을 헌신하였다. 그리하여 구별된 '백성'이 된다. 이스라엘을 '한 백성' - 한 몸, 한 공동체 - 이 되게 한 것은 지난 날 하나님의 은혜를 함께 경험한 것이다.

이는 오늘날 그리스도인에게도 적용된다. 베드로전서 2장 9-10절은 의도적으로 사도행전 19장 4-6절 말씀을 인용하여 교회에 적용한다. 우리도 '그의 소유가 된 백성'이다(벧전 2:9). 우리가 복음을 들었고 믿었고 다른 그리스도인들과 함께 새로운 관계가 되었기 때문에, 우리는 이제 '형제들'이다(벤전 1:22).

둘째, 그리스도의 몸 - 그분의 삶에 참여하는 몸의 지체들

기독교 공동체는 의도적으로 삶을 함께하는 사람들로 구성된다.

이 측면에 대한 강력한 성경적 비유는 그리스도인들이 하나님의 '가정', '권속', '집', '형제'(갈 6:10; 엡 2:19; 벤전 4:17; 롬 12:10)이다. 가족은 모든 삶을 함께한다. 함께 먹고, 생활하고, 일한다.

다른 강력한 비유는 '몸'이다. 이는 그리스도인들이 개인들의 군집이 아니라 일관성이 있는 유기체라는 의미다. 몸의 부분들이 역할을 수행하며, 통합적으로 몸의 다른 부분에 연결되어 있다.

셋째, 성령의 교제 - 그분의 미래의 모델이 되는 존재들

성령 충만한 그리스도인 공동체는 대안적 사회가 되어 삶의 모든 면에서 구별된 삶의 방법들을 보여 준다.

교회를 이렇게 보는 강력한 비유 중에 하나는 '언덕 위의 도시'(city on a hill)이다(마 5:14, 개역개정에는 '산 위에 있는 동네'라고 번역되었다-역자 주). 교회의 가시적 행동들은 밝게 빛나서 세상에 하나님의 영광을 보여 준다.

미래의 하나님은 그리스도의 주되심 아래 만물을 하나 되게 하시며 치유하실 것이다(엡 1:9-10; 사 11:1-9). 에베소서 1장 13-14절에서 바울은 성령이 미래 회복에 대한 '기업의 보증'(deposit guaranteeing)이 되신다고 말한다. 현재 교회는 미래의 그리스도 아래에서 사회가 어떤 모습일지를 보여

준다. 우리는 복음이 일상생활에 일으키는 변혁을 세상에 보여 주어야
한다.

위에 설명한 것과 같은 공동체가 된다는 것은 창조적인 공동체 형성 전
략을 요구한다. 다음을 읽고 이 측면을 생각하는데 도움이 되기를 바란다.

― 공동체를 세우는 습관에 대한 성경적 고찰

바울은 그리스도의 몸 안에서 '한 몸이 되어 서로 지체가 되었다'고 말한
다(롬 12:5). 이것은 현대인의 소그룹 구성원과 같은 현대적인 개념보다 훨
씬 깊은 것이다. 여기서 사용된 헬라어 단어인 멜로스(melos)는 인간의 몸
의 일부를 설명할 때 흔히 사용되었다. 바울은 "여러분은 서로서로 팔다
리와 기관들입니다. 여러분은 다른 사람들에게 눈이며, 팔이며, 심장입니
다"라고 했다. 즉 우리는 서로 연결되어 있다.

이 원리가 의미하는 것은 신약성경에서 서로에게 명하는 수십 개의
본문들로 정리된다. 다음은 '공동체를 세우는 습관들' 아홉 가지이다 - 크
리스천 공동체를 세우는 구체적인 행동들이다. 처음 세 가지는 모두 서로
에 대한 인정이다. 어떻게 친구가 되느냐에 대한 것이다.

습관 1 - 서로 강점과 능력과 재능을 긍정하라

- 로마서 12장 10절 - 서로 존경하라.
- 야고보서 5장 9절 - 서로 원망하지 말라.

- 로마서 12장 3-8절 - 서로의 은사를 존중하라.

공동체를 세우는 첫 번째 습관은 로마서 12장 10절에서 잘 표현된다. "형제를 존경하기를 서로 먼저 하며." 즉, 다른 사람들을 찬양하고, 인정하고, 존중하고, 축하하는 것에 더 관심을 가지는 것이다. 내가 받으려고 하는 것보다 주려고 하는 행위다.

그리스도인들은 다른 사람들이 한 일을 칭찬하고 축하하는데 빠른 사람들이어야 한다. 칭송하고, 감사하고, 지지하는 것을 사랑하는 사람들이어야 한다. 보다 구체적으로 다음의 것들을 다른 사람들에게 의도적으로 행하는 습관을 길러야 한다.

- 열매: 사람들이 어디에서 성장하고 있으며 발전하고 있는지(문제, 어려운 일, 비판을 다루는 능력이 사람들 안에서 성장하고 있음을 보는가? 그들이 평화, 기쁨, 절제에 있어서 성장하는 것이 보이는가? 인정하고 표현하도록 하라)
- 재능: 사람들이 다른 이들을 유익하게 할 어떤 재능과 은사들을 가지고 있는지(그들이 다른 이들을 영적으로 유익하게 방식으로 사역하는 것이 보이는가? 그들에게 그런 모습이 보일 때, 그것이 더 북돋워 줄 은사나 재능인가? 인정하고 표현하도록 하라)
- 헌신: 그들이 옳은 일을 하기 위하여 어떤 희생을 하고 있는가? 그들이 알지 못한다 할지라도(그들이 하나님을 영화롭게 하기 위해 큰 희생을 지불하고 있는가? 그들의 지속적인 희생을 인정하고, 그들의 순종을 인정하고 표현하도록 하라)

열매, 은사, 희생은 공동체에서 반드시 인정되어야 한다. 이 모든 것들은 다른 사람들을 존경하는 일이다(롬 12:10). 본문에 대한 구체적인 참고사항은 다음과 같다.

- 로마서 12장 1-8절은 전체적으로 우리가 서로의 다양한 은사와 능력들에 감사해야 한다고 말한다. 다르다고 무시해서는 안 된다.
- 긍정하고 존경하는 영의 반대는 야고보서 5장 9절에서 가르쳐 준다. '원망'이라는 단어는 문자적으로 한숨 쉬거나 끙끙거리는 것을 의미한다. 당신은 직접 다른 사람들을 비판하지 않으면서도 그들이 한심하고 별 볼일 없는 느낌을 가지도록 짜증이나 경멸을 표현할 수 있다.

습관 2 - 그리스도 안에서 다른 사람들의 동등한 중요성을 인정하라

- 로마서 15장 7절 - 그리스도께서 우리를 받아 하나님께 영광을 돌리심과 같이 너희도 서로 받으라.
- 고린도전서 12장 25절 - 오직 여러 지체가 서로 같이 돌보게 하셨느니라.
- 베드로전서 5장 5절 - 다 서로 겸손으로 허리를 동이라.
- 야고보서 2장 1절 - 사람을 차별하여 대하지 말라.

이것은 세상적인 신분 사다리나 위계서열을 대단하게 생각하는 것을 거부하는 전반적인 의식구조이다. 세상에서는 어떤 계층, 종족, 직업, 그리고 문화가 다른 것들보다 더 힘을 가진다. 그러나 성경은 많은 곳에서 우리에게 이러한 구별이 교회 속으로 들어오지 못하도록 거부하라고 명한다. 구체적으로, 이것은 의도적으로 다른 그리스도인들과의 관계를 전통적인 문화적 담벼락을 뛰어넘어 건설하는 것이다.

사울의 회심은 기독교 공동체의 이러한 측면을 대변한다. 사도행전에서, 기독교인들에 대한 사울의 처음 태도는 '살기'가 등등하다(행 9:1). 그는 스데반을 돌로 쳐 죽이는 것을 마땅히 여겼다(행 8:1). 그는 같은 일을 더 많이 하기를 원하여 다메섹으로 여행을 갔다. 예수님을 믿는 신자들을 더 잡으려고 혈안이 되었다. 다메섹의 그리스도인이던 아나니아는 사울이 파송된 것을 알고 있었고 자신도 사울에 의해 결박되고 살해될 수 있다는 것을 알고 있었다(행 9:14).

그런데 아나니아는 갑작스럽게 주님으로부터 음성을 듣는다. 살해자/박해자인 사울이 그리스도를 믿는 회심을 했다는 것이며 아나니아가 그에게 가야한다는 것이었다. 그는 두려웠을 것이다. 그러나 아나니아는 즉각적으로 순종한다. "아나니아가 떠나 그 집에 들어가서 그에게 안수하여 이르되 형제 사울아 … 예수님이 나를 보내어 …"(행 9:17).

그 당시 교회의 규모를 생각해 보면 사울이 체포하고 죽게 한 사람들 중에는 아나니아가 알고 사랑하는 이들이 있었을 것이다. 그러나 복음은 오래된 끈과 정체성을 소멸하게 한다. 이제 사울은 그리스도를 믿는다. 그는 즉각적으로 아나니아의 형제이다! 본질적으로 아나니아는 이렇게 말하는 것이다. "궁극적으로 당신이 과거에 누구였고 무엇을 했는지는 중요하지 않다. 그리스도 때문에 우리는 형제이다."

인종 차별, 계급 차별, 그리고 문화 제국주의는 우리의 마음에서 복음을 통해 뿌리뽑혀야 한다. 다르게 표현해 보자. 만일 당신이 당신의 친구나 친척에게 인종, 계급, 지위가 다르더라도 신앙이 견고한 그리스도인과 결혼하는 것보다 인종, 계급, 지위가 같지만 신앙적 확신은 상관없는 사람과 결혼하는 것을 바란다면, 당신의 편견은 아직 복음으로 변화되지 않은 것이다. 본문에 대한 구체적인 참고사항은 다음과 같다.

- 고린도전서 12장은 많은 사람들이 더 큰 은사를 가졌음을 밝힌다(예를 들어, 말하는 능력, 리더십의 능력). 그것들은 세상에서 더 큰 존경을 받는다 - 그러나 교회 안에서는, 여러 지체가 "서로 같이 돌보게"(25절) 하셨다. 우리는 동등하게 서로를 받아들이고, 환영하고, 돌보아야 한다.
- 야고보서 2장 1-14절은 가난한 이를 차별하고 부자를 편애하는 것을 금지하는 전형적인 본문이다.

습관 3 - 가시적인 애정을 통해 서로를 인정하라

- 로마서 16장 16절 - 너희가 거룩하게 입맞춤으로 서로 문안하라.
- 야고보서 1장 19절 - 듣기는 속히 하고 말하기는 더디 하라.
- 에베소서 4장 32절 - 서로 친절하게 하며 불쌍히 여기라.
- 데살로니가전서 3장 12절 - 피차간과 모든 사람에 대한 사랑이 더욱

많아 넘치게 하라.

신약성경에는 "거룩하게 입맞춤으로 서로 문안하라"(롬 16:16; 고전 16:20; 고후 13:11)는 명령이나 "사랑의 입맞춤으로 서로 문안하라"(벧전 5:14)는 명령이 여러 번 나온다. 관례적으로 이 구절들은 건너뛴다. 이것은 고대 문화의 인사법이며 더 이상 우리는 그렇게 인사하지 않는다. 문화적 번역을 우리 시대에 맞게 한다고 하더라도, 사랑과 애정을 눈에 보이게 표현하라는 성경적 명령을 순종하는 것까지 제거하지는 않는다. 사랑과 애정을 표현하는 방법이 민족 집단별로 다른 것은 타당하다. 그러나 우리는 서로 사랑을 표현해야 한다.

우리는 서로에게 차갑게 대하거나 딱딱하거나, 무관심하거나, 거칠게 대해서는 안 된다. 무엇보다도 서로 사랑을 전달해야 한다. 본문에 대한 구체적인 참고사항은 다음과 같다.

• 야고보서 1장 19절은 따뜻함을 실천하고 나타내는 가장 쉬운 방법을 말한다. 그것은 귀 기울여 듣는 것이다. 속히 답하지 않는 것이다.

다음의 질문들을 사용해서 이 세 가지 습관들에 대해서 생각해 보라.

1. 공동체 형성의 세 가지 범주들 중에서 어떤 것이 당신과 그룹이 현재 가장 잘하고 있는 것인가? 왜 그렇게 생각하는가? 이 세 가지 범주들 중에서 당신과 소그룹이 현재 가장 못하고 있는 것은 무엇인가? 왜 그렇

게 생각하는가? 더 좋아지기 위해서 당신이 할 수 있는 것은 무엇인가?

2. 존 스토트(John Stott)는 이렇게 썼다.

> 하나님은 그분의 교회가 상호지지하는 공동체가 되기를 의도하신다.
> "서로 위로하라"(살전 4:18); "피차 권면하고" "서로 덕을 세우기를"(살전
> 5:11). 여기에서 '서로' 또는 '피차'(알렐로이, alleloi)는 그리스도인 돌봄의 상
> 호성을 강조한다. 우리는 특별한 전문적 위로자나 상담자들에게 이것
> 을 떠넘기지 않는다. 물론 이는 채워져야 할 중요한 역할들이다. 그러
> 나 지지하고, 돌보고, 격려하고(개역개정은 '권면하고'로 번역함 - 역자 주), 위로
> 하는 것은 그리스도의 몸의 모든 지체들에게 속한 사역들이다.[30]

당신은 그의 평가에 동의하는가? 당신과 당신의 소그룹이 지지하고, 돌보고, 격려하고, 위로할 수 있는 몇 가지 구체적인 방법들과 떠오른 사람들을 작성해 보라.

3. 디트리히 본회퍼(Dietrich Bonhoeffer)는 《성도의 공동생활》(*Life Together*)에서 이렇게 썼다.

> 한 사람이 교제 가운데 다른 사람들에게 주는 첫 번째 섬김은 그들에게 경청하는 것이다. 하나님에 대한 사랑이 하나님의 말씀에 귀 기울이는 것으로 시작하듯이, [서로에] 대한 사랑은 그들에게 귀 기울이기를 배우는 것으로 시작한다. 듣는 것은 말하는 것보다 더 큰 섬김이다. 어떤 종류의 듣기는 조급하고 무관심한 듣기가 있다. 그것은 말할 기회를 기다리는 것일 뿐이다. 다른 사람을 제거해 버리는 것이다.[31]

당신과 소그룹이 어떻게 더 잘 들을 수 있을까? 당신에게 잘 듣는 것이 어려운 상황이나 사람들이 있는가? 왜 당신에게 변화가 필요한가? 변화를 위해 무엇을 할 수 있는가?

다음의 세 가지 공동체 형성 습관들은 서로 나누는 것에 대한 것들이다 - 어떻게 가족이 되는지에 대한 것들이다.

습관 4 - 서로의 공간, 물건, 시간을 공유하라

- 로마서 12장 10절 - 형제 사랑에 서로 헌신하라.
- 베드로전서 4장 9절 - 서로 대접하라.
- 갈라디아서 6장 10절 - 기회 있는 대로 착한 일을 하라.

이는 사람의 신체적, 물질적 세계를 다른 사람들과 나누는 것이다 - 마치 가족 멤버들이 하듯이 말이다.

구체적으로, 이 습관은 다음을 포함한다.

- 공간을 서로 공유하는 것: 그리스도인들은 서로를 자기 삶의 공간에 초청하여야 한다. 그리스도인들은 삶을 함께 공유해야 한다. 이른 식사, 공부, 놀이, 기도 등을 함께하는 것을 포함한다.
- 물건을 서로 공유하는 것: 가장 실용적인 방법에서 우리는 서로를 돕는다. 이것은 몸으로 심부름을 하는 것일 수도 있고, 재정적인 선물을 주는 것일 수도 있고, 다른 구체적인 방식으로 필요를 공급하는 것이기도 하다.
- 공통의 시간을 공유하는 것: 이는 서로 서로에게 필요할 때 함께하는 사람이 되는 것이다. 정기적으로 함께 만나는데 헌신하는 것이다.

본문에 대한 구체적인 참고사항은 다음과 같다.

- "착한 일을 하라"(갈 6:10 참조)는 말씀이든 어떤 본문이든 그것은 아주 구체적인 물질적인 도움을 의미한다. 돈, 피난처, 그밖에 실용적인 도움을 제공하는 것이다.

습관 5 - 서로의 필요와 문제를 공유하라

- 갈라디아서 6장 2절 - 짐을 서로 지라.
- 데살로니가전서 5장 11절 - 피차 권면하라.
- 히브리서 3장 13절 - 날마다 피차 권면하라.

자원과 재산을 공유하는 것은 공동체 안에서 서로에게 예민해지는 한 가지 방법이다. 또 다른 방법은 우리의 근심과 약함을 공유하는 것이다. 그들에게 우리를 사랑하고 지지할 수 있게 하는 것이다. 우리는 상처받은 사람들을 찾아내어 그들이 필요한 지지를 제공해야 한다.

본문에 대한 구체적인 참고사항은 다음과 같다.

- 데살로니가전서 5장 11절과 다른 많은 구절들은 우리에게 서로 권면(격려)하라고 명한다. 헬라어의 의미는 여정 가운데 아주 가까이 서서 서로를 응원하고 지지하라는 것이다.
- 갈라디아서 6장 2절은 우리에게 서로 짐을 지라고 말한다. 너무나 무거운 짐을 지고 가는 누군가를 당신이 돕는다고 생각해 보라. 짐을 지려면, 당신은 먼저 짐 진 사람 가까이 다가서야 한다. 거의 그 사람 처지에 서는 것이다. 다음으로 당신은 반드시 당신의 힘을 사용해서 짐을 받쳐야 한다. 그래서 그 무게가 서로에게 분산되게 해야 한다. 그러면 원래 짐을 지던 사람에게도 짐이 가벼워진다. "짐을 진다"는 것이 의미하는 것은 그 아래로 와서 그 무게와 책임과 고통이 당신에게도 실리게 하는 것이다.

갈라디아서 6장 2절에는 상호작용이 숨어 있다. 이것은 간과해서는 안 된다. 본문은 "다른 사람의 짐을 지라"라고 명하지 않고, "서로 짐을 지라"라고 한다. 이것의 의미는 "공동체 안에서 살아라. 그 공동체는 다른 사람들이 당신의 짐을 혼자 져 주는 곳이 아니고, 또 당신이 혼자서 짐을 다 지려고 하는 곳도 아니다. 다른 사람을 돕고 그들도 당신을 돕게 하라"이다.

다른 사람의 약한 점을 도우려고 하면서 정작 자신의 약한 점은 숨기며 도움 받기를 거부하는 것은 일종의 위선이다. 다른 사람에게 비이기적으로 도움을 주려면 복음으로 변화된 마음(gospel-changed heart)이 필요하다. 또한 다른 사람으로부터 수치심 없이 도움을 받아들이는 것도 복음으로 변화된 마음(gospel-changed heart)이 필요하다.

갈라디아서 6장 2절은 이 점을 확장한다. "너희가 짐을 서로 지라 그리하여 그리스도의 법을 성취하라." 분명히, 그리스도는 짐을 지시는 사랑의 궁극적인 예시이다. 그는 우리의 죄책과 죄의 무한한 짐을 십자가에서 지셨다. 십자가 사건은 예수 그리스도를 부서뜨렸다. 그는 단순히 우리와 함께 짐을 나누어지신 것만이 아니라, 우리를 죄로부터 완전히 해방시키셨다. 모든 무게를 직접 다 지신 것이다. 이 무한한, 짐을 지시는 사랑을 아는 사람이라면 누구든지 동일한 사랑을 하도록 우리에게 영감을 주시고 권능을 주시는 놀라운 모범을 제시받은 것이다.

습관 6 - 서로 신앙과 생각과 영성을 공유하라

- 골로새서 3장 16절 - 피차 가르치고 권면하라.
- 에베소서 5장 19절 - 시와 찬송과 신령한 노래들로 서로 화답하라.
- 로마서 12장 16절 - 서로 마음을 같이 하라.

- 고린도전서 1장 10절 - 같은 뜻으로 온전히 합하라.

이것은 일치된 생각과 마음을 복음 안에서 개발하는 것에 대한 것이다. 그리스도인들은 성경을 서로에게 배우고 가르치는 부르심을 받았다. 서로 기도하고 하나님을 찬양하도록 명을 받았다. 이 모든 것은 복음 안에서 신앙과 마음의 하나 됨을 만들어 내는 효과에 대한 것이다. 에베소서 4장 14-16절은 우리가 "이는 우리가… 온갖 교훈의 풍조에 밀려 요동하지 않게 하려 함이라. 오직 사랑 안에서 참된 것을 [말]하여… 그에게서 온 몸이… 연결되고 결합되어"라고 말씀한다(개역개정은 "사랑 안에서 참된 것을 하여"라고 번역되어 있는데, 영어 성경은 "speaking the truth in love"라고 번역한다-역자 주).

우리는 단순히 개인적으로 성경을 공부하는 사람들이 아니다. 대신에, 우리는 함께 성경을 읽고 토론하고 공부하여 더 깊은 믿음의 일치에 이른다. 어떻게 우리가 사는 시대와 장소에서 하나님의 백성이 될 것인지 합의에 도달한다.

본문에 대한 구체적인 참고 사항은 다음과 같다.

바울이 우리에게 "모든 지혜로 피차 권면하고 가르치라"고 요구할 때(골 3:16) 사용된 동사들은 "가르치라"와 "도전하라"와 "직면하라"이다. 이것은 분명히 사람들로 하여금 성경 말씀에 순종하게 하는 것이다. 그러나 "피차 권면하라"에 쓰인 헬라어 단어는 그것 이상이다. 그 의미는 하나님의 말씀이 우리의 삶에 갖는 의미를 함께 이해하기 위해 함께 일하라는 것이다. 우리는 함께 살아가는 방식이 만들어질 때까지 성경을 읽고, 토론하고, 서로 가르치고, 도전하고, 합당한 논쟁을 하도록 지시를 받은 것이다.

다음의 질문들을 사용해서 두 번째 세 가지 습관들에 대해서 생각해 보라.

4. 공동체 형성에 관한 이 세 가지 범주들 중에서 어떤 것이 현재 당신과 당신의 그룹에서 제일 잘 되고 있는가? 왜 그렇게 생각하는가? 이 세 가지 범주들 중에서 어떤 것이 현재 당신과 당신의 그룹에서 가장 잘 안 되고 있는가? 그 이유는 무엇인가? 개선하기 위해서 무엇을 할 수 있는가?

5. 크레이그 블롬버그(Craig Blomberg)는 《가난하게도 마옵시고 부하게도 마옵소서》(Neither Poverty Nor Riches)에서 다음과 같이 썼다.

> 하나님의 백성이 일관성 있게 하나님의 계명에 순종하는 유일한 방법은 한 가지다. 전 세계적으로 기독교 공동체 전부가 - 지역을 막론하고 - 가난한 이들과 재물을 공유하는 비전에 더 많이 사로잡히는 것뿐이다. 만일 신자들이 기대치 않게 가난해질 때에 다른 신자들이 돌봐 줄 것이라는 믿음을 가지게 된다면 그들은 풍요의 시기에 더 관대하게 베풀 수 있게 된다.[32]

당신은 그의 평가에 동의하는가? 당신과 그룹은 '가난한 이들과 재물을 공유하는 비전'을 가지고 있는가? 어떻게 그것을 더 많이 개발할 수 있을까?

6. 디트리히 본회퍼는 《성도의 공동생활》(*Life Together*)에서 이렇게 썼다.

> 그리스도인 공동체에서 한 사람이 다른 사람에게 행해야 할 두 번째 섬김은 기꺼이 다른 사람을 돕는 것입니다. 여기서는 무엇보다 그리 중요하지 않아 보이는 사소하고 외적인 일을 겸손하고 도와주는 것을 의미합니다. 우리는 하나님이 우리의 길을 가로막으실 때를 대비하여 준비된 자세로 살아야만 합니다. 하나님은 우리가 가는 길에 그들의 요구와 요청을 들고 찾아오는 사람들을 보내셔서, 우리의 길과 계획을 반복해서 가로막아 서십니다. 아니, 날마다 우리의 길과 계획을 저지하십니다. 우리는 강도 만난 자를 지나쳐 버렸던 제사장처럼, 우리가 하고 있는 중요한 일에 몰두한 나머지, 그들을 지나쳐 버릴 수 있습니다. 어쩌면 성경을 읽느라 그렇게 할 수도 있습니다.[33]

당신과 그룹은 '요구와 요청을 들고 찾아오는 사람들'에 의해 계획이 취소될 때 어떤 생각을 하는가? 당신이 공간, 재화, 시간, 필요, 문제들을 공유할 수 있는 몇 가지 방법들을 써 보라.

마지막 세 가지 공동체 형성의 습관들은 모두 서로 섬기는 것에 관한 것이다 - 어떻게 서로에게 종이 될 것인가.

습관 7 - 보고하는 자세로(with accountability) 서로 섬기라

- 야고보서 5장 16절 - 너희 죄를 서로 고백하며 서로를 위해 기도하라.
- 로마서 15장 14절 - 서로 권하라(가르치라).
- 에베소서 4장 25절 - 서로 참된 것을 말하라.

앞서 우리는 반드시 공동체 안에서 서로에게 문제와 필요를 알게 해야 한다는 것을 언급했다. 보다 구체적으로, 우리는 삶에 대해 다른 사람들에게 보고하는 자세를 가져야 한다. 훨씬 개인적인 측면들에서 그렇다. 특히, 우리는 어디에서 죄를 직면하고 있는지를 나누며, 공동체에 죄를 이기도록 도움을 요청해야 한다. 자발적으로 그리스도인 친구들의 모임을 만들어서 그들에게 정기적으로 우리의 삶의 영역들을 보고하는 마음으로 나누어야 한다. 특히 우리에게 어려운 영역들을 이야기해야 한다. 그렇지 않으면 쉽사리 자기기만에 빠지게 된다. 예를 들어, 삶의 균형(일, 건강, 쉼), 성(sex), 돈의 사용 등이 그런 영역들이다.

우리는 복음으로 세워지는 삶(gospel-shaped life)이 어떤 것인지를 공동체 가운데 실현해야 한다. 그리고 자신이 그렇게 살도록 보고하는 관계를 형성해야 한다. 그리스도인 친구들이 삶에 들어올 수 있게끔 해야 한다. 그래서 그들이 우리의 약점들을 충분히 보고 우리로 하여금 그리스도를 닮은 모습으로 자라가도록 책임을 다하게 해야 한다.

본문에 대한 구체적인 참고사항은 다음과 같다.

- 야고보서 5장 16절은 우리가 죄를 서로 고백하라고 말하는 유일한 곳이다. 어떤 사람들은 이것이 오직 신체 질병을 가진 사람들의 치유에만 적용이 된다고 결론을 내린다. 그런데 히브리스 3장 13절은 우리에게 "매일 피차 권면하여" "죄의 유혹으로(NIV성경은 기만성 즉 잠복성이라고 번역하고 있다-역자 주) 완고하게 되지 않도록 하라"고 말씀한다. 이러한 습관은 분명히 서로의 단점을 친밀히 아는 관계를 수반

하는 것이다.

- 로마서 15장 14절은 누쎄오(noutheo)라는 단어를 사용한다. 이는 '타이른다' 즉, '사랑스럽게 직면한다'는 뜻이다.

습관 8 - 용서와 화해를 통해 서로를 섬기라

- 에베소서 4장 2절 - 모든 겸손과 온유로 하고 오래 참음으로 사랑 가운데서 서로 용납하라.
- 골로새서 3장 13절 - 누가 누구에게 불만이 있거든 서로 용납하여 피차 용서하라.
- 갈라디아서 5장 26절 - 서로 노엽게 하거나 서로 투기하지 말지니라.
- 야고보서 4장 11절 - 서로 비방하지 말라.
- 마태복음 5장 23-24절, 18장 15절 - 깨어진 관계를 서로 재건하라.

공동체에서 그리스도인들은 결코 서로를 포기해서는 안 된다. 우리는 용서(회개) 및 관계 회복을 추구함에 있어서 결코 지쳐서는 안 된다. 마태복음 5장 23-24절은 만일 우리와 어긋난 사람이 생각나면 그들에게 다가가야 한다고 말한다. 요컨대, 공동체 안에서 언제나 당신의 움직임을 통해 부서진 관계를 고칠 수 있다. 하나님은 언제나 당신이 먼저 손을 뻗어서 부서진 관계를 고치길 원하신다. 그리스도인은 화해의 과정을 시작하는 책임이 있다. 단절과 소외가 누구에 의하여 어떻게 생겨났는지와 상관없다.

본문에 대한 참고사항은 다음과 같다.

- 에베소서 4장 2절은 일반적인 명령이다. 서로 '용납하라.' 이것이 의미하는 바는 작은 짜증거리들에 대해 인내하고 관용하라는 것이다.
- 갈라디아서 5장 26절은 반대되는 의미를 가진 두 단어를 사용한다. '노엽게 한다'(provoke)는 것은 멸시하고, 내려다보고 업신여기는 것이다. 왜냐하면 그 사람이 당신보다(지능, 타당한 의견, 적절한 행동, 외모, 지위에 있어서) 못하기 때문이다. '투기한다'(envy)는 것은 사람에게 열등감을 느끼며 분노하는 것이다. 왜냐하면 누군가가 당신보다(지능, 교육, 외모, 지위, 힘에 있어) 뛰어나기 때문이다, 이 두 가지 태도들은 갈등을 키워내며, 삐걱거리는 관계를 만든다.
- 야고보서 4장 11절은 비방하는 언어를 금한다. 정죄하고, 판단하고, 거친 언어와 태도이다. 이것들은 관계를 깨뜨린다.

습관 9 - 우리의 이익이 아니라 서로의 이익을 섬기라

- 히브리서 10장 24절 - 서로 돌아보아 사랑과 선행을 격려하라.
- 로마서 15장 1-2절 - 자기를 기쁘게 하지 아니하고 다른 사람을 기쁘게 하라.
- 갈라디아서 5장 13절 - 사랑으로 서로 종노릇 하라.

이것은 공동체에서 당신의 이익보다 다른 사람들의 필요와 이익을 앞세우는 사고방식이다. 전형적인 섬김의 마음이다. 당신 주변의 필요를 의도적으로 살펴본다는 의미다. 어떤 종류의 것이든, 사랑의 실천을 통해 그것들을 채울 방법을 찾는 것이다. 인정받는 것은 할 수 있는 한 최소한으로 생각하는 것이다.

우리는 사람들의 필요와 관계 형성을 위하여 공동체를 형성하는 작업을 하지 않도록 주의해야 한다. 그리스도인 공동체는 다른 사람들을 착취하는 일이 가능하다. 예를 들어 가장 흔하게는 자신이 다른 사람들에게 꼭 필요한 존재가 되게끔 하는 방식으로 일어난다. 그것은 다른 사람들이 우리에게 의존하게 함으로써 반대로 우리가 그들에게 의존하는 것이다. 또 다른 방식은 우리가 공동체로부터 - 정서적으로, 물질적으로, 그리고 영적으로 - 받으려고만 할 뿐 아무것도 주지 않는 것이다. 우리는 너무 교만해서 공동체가 필요하지 않다고 하거나, 너무 채움을 위한 마음으로 다른 사람들을 공동체에서 착취하지 않도록 해야 한다.

본문에 대한 참고사항은 다음과 같다.

- 히브리서 10장 24절은 주변 사람들이 어떻게 그리스도를 닮은 모습이 되도록 세울지 우리가 의도적으로 고려해야 한다고 가르친다.
- 로마서 15장 1-2절은 우리가 그들의 선을 위하여 그들을 기쁘게 하며 그들을 세워야 한다고 말한다.
- 바울은 우리가 서로에게 종(둘로이, douloi)이 되어야 한다고 담대하게 말한다(갈 5:13) - 문자적으로 종을 의미한다. 비유를 확장하면서, 바

울은 우리가 서로에게 사랑을 빚처럼 갚아야 한다고 말한다(롬 13:8). 계약제 하인들이 부채를 지면 빚을 다 갚기까지 종이 된다. 그리스도는 자신을 낮추시고 종이 되셔서 자신의 생명의 대가를 지불하시고 우리의 필요를 채우셨다. 그래서 우리는 계약제 하인과 같다. 그리스도가 그러신 것처럼 우리는 모든 사람에게 사랑의 빚을 지고 있다.

마지막으로, 우리는 서로 사랑해야 한다. 이 구절이 서신서에서 얼마나 자주 등장하는지를 살펴보라(롬 12:10, 13:8; 살전 4:9; 히 13:1; 벧전 1:22, 4:8; 요일 3:1, 3:23, 4:7, 4:11; 요이 1:5). 이러한 습관들이 우리의 공동체를 세우는 것이 되게 하려면, 우리는 마음으로 깊이 서로 사랑해야 한다.

다음의 질문들을 사용해서 마지막 세 가지 습관들에 대해 생각해 보라.

7. 공동체 형성에 관한 이 세 가지 범주들 중에서 어떤 것이 현재 당신과 그룹에서 제일 잘 되고 있는가? 이유는 무엇인가? 이 세 가지 범주들 중에서 어떤 것이 현재 당신과 그룹에서 가장 잘 안 되고 있는가? 왜 그렇게 생각하는가? 개선하기 위해서 무엇을 할 수 있는가?

8. 유진 피터슨(Eugene Peterson)은《현실, 하나님의 세계》(*Christ plays in Ten Thousand Place*)에서 다음과 같이 썼다.

> 우리는 공동체이다. 혼자서는 우리가 아니다. 우리는 공동체 속에서 태어나며 공동체 안에서 살아가며 공동체 안에서 죽는다. 인간 존재는 혼자가 아니며, 혼자로 충분하지 않다.[34]

동의하는가? 혼자서 충분한 것처럼 살거나 그렇게 생각하는 경향이 있는가? 언제 그리고 왜 그런가? 당신과 당신의 그룹이 서로의 이익을 위하여 섬기는 행동은 어떻게 개선될 수 있을까?

9. 본회퍼는《성도의 공동생활》에서 이렇게 썼다.

> 당신의 잘못을 서로 고백하라(약 5:16). 자신의 죄를 형제 앞에서 고백하는 사람은 그가 더 이상 혼자가 아니다. 그는 다른 사람의 실존 앞에서 하나님의 임재를 경험할 것이다.[35]

122

동의하는가? 당신의 죄를 다른 사람들에게 고백하는 것을 누가 막고 있는 가? 당신은 이런 부분을 어떻게 개선하겠는가?

10. 이 모든 질문들에 대한 당신의 대답을 살펴보라. 이번 주에 공동체 형 성 습관을 개전시키기 위해 할 수 있는 두세 가지 실천사항을 써 보라.

- 아홉 가지 공동체 - 형성의 습관들에 대해 기도하라. 하나님이 당신에게 다 른 사람들을 긍정하고, 나누고, 지역 사회에서 섬길 수 있는 열정을 주시도 록 기도하라.

4과 그룹 스터디

— 지난 과 요약

시작하면서 기도하라. 하나님께서 그룹 가운데 일하시도록 하자. 다음 문단을 소리 내어 읽고, 지난 과의 요점을 요약하라.

지난 과에서 우리는 그 어떤 것도 하나님보다 우리의 행복과 삶의 의미와 정체성에 더 근원적으로 중요한 것은 없음을 살펴보았다. 그러나 아이러니하게도 우리는 쉽게 우상을 만들어 낸다.

우상이란 예수 그리스도와 같은 선상에 놓여진 믿음의 대상이다. 우리의 행복을 위해서 꼭 있어야만 한다고 생각하는 것이다. 우리의 마음에 하나님보다 더 중요하게 여기는 것이다. 다시 말해 마음을 지나친 욕망으로 노예화하는 어떤 것들이다. 마르틴 루터는 인간의 모든 행위적 죄 아래에는 우상숭배의 죄가 있다고 말했다. 모든 우상숭배의 행동 아래에는 복음에 대한 불신앙이 존재한다.

그리스도인 공동체의 개념을 살펴보면서, 공동체 형성에 있어서 마주하게 되는 핵심 문제들 중 하나가 우상숭배임을 기억해야 한다.

- 3-5분 정도 홈스터디에 대해 토론하라. 당신에게 도움이 되었거나, 새로웠거나, 가슴이 뛰었거나, 또는 혼란스러운 것이 있었으면 무엇이든지 언급하라.

— 성경 본문 연구

빌립보서 2장 1-11절을 소리 내어 읽으라. 그리고 다음 질문에 하나씩 답하라.

1. 바울이 빌립보교회에서 다루고자 하는 문제는 무엇이었다고 유추할 수 있겠는가(2-4절)?

2. 바울이 열거하는 일치와 겸손의 네 가지 토대는 무엇인가(1절)? 이런 토대들이 어떻게 일치와 겸손으로 이어지는가?

3. 5절은 "그리스도의 태도와 같은 태도를 가져라"(그리스도의 마음을 품으라)고 한다. 우리는 예수님의 태도에 대해 무엇을 배우는가(6-11절)?

4. D. A. 카슨(Don Carson)은 《어려운 곳에서의 사랑》(*Love in Hard Places*)에서 이렇게 쓴다.

> 교회는 자연스러운 원수들로 구성된다. 우리를 함께 하나로 묶는 것은 공통 교육이나 공통 인종, 공통 소득 수준, 공통 정파, 공통 국적, 공통 사투리, 공통 직업, 또는 어떤 다른 종류의 것이 아니다. 그리스도인들은 모두 예수 그리스도에 의해 구원받았기 때문에 하나가 된다. 그리스도인들은 그분께 공통의 충성을 빚진 존재이다. 그들은 예수님으로 인하여 서로 사랑하는 자연스러운 원수들의 모임이다.[36]

그의 평가에 동의하는가? 그렇다면 그 이유는 무엇인가? 동의하지 않는다면 이유는 무엇인가? 함께 나누어 보자.

— 팀 켈러의 핵심 메시지

베드로전서 2장 9-12절을 소리 내어 읽으라. 공동체가 어떠한 모습이어야 하는지 듣고 생각해 보라.

복음으로 빚어진 사람들은 깊은 공동체를 이룰 수 있다. 그러나 또한 오직 깊은 공동체 안에서만 우리가 복음으로 빚어진 사람이 된다.

즉 당신이 복음으로 변화되기를 바란다면 삶을 함께 나누어야 하고 함께 얘기해야 하고 함께 식사해야 한다. 서로 죄를 자백하며 서로를 점검하고 붙들어줘야 한다. 함께 결정하고 서로 상의해야 한다. 함께 배우고 함께 공부해야 한다. 그래서 당신의 인간관계가 그 수준까지 깊어지게 해야 한다. 그렇게 깊고, 서로를 지원해 주고 서로 도전을 주고 서로에게 헌신하는 관계가 되면 삶이 변화될 것이다.

성경의 '서로 ~하라' 구절은 어떻게 이런 공동체를 만들지 보여준다. 서로 우애하고 존경하라(롬 12:10), 서로 섬기라(갈 5:13), 서로 접대하라(벧전 4:9), 서로 격려하라, 서로 받으라, 서로 용납하라, 서로 책망하라, 서로 가르치라, 서로 사랑하라 등이다.

우리는 그런 공동체가 되는 법을 배워야 한다. 그것은 그냥 교회에 오는 것만으로는 안 된다. 그것은 공동체 안에 있는 것이 아니다. 그것은 군중 속에 있는 것이다. 매주 교회에 와서 공동체에 단단히 결속되어, 새로운 인류, 새로운 공동체에 속한 사람으로서 하나님을 따르고 믿고 알아야 한다.

지금 당신은 다른 사람들과 정기적으로 만나서 하나님을 아는 것과 예수 그리스도의 제자가 되는 것에 대해 얘기하는가? 당신은 그 관계들을 통해 배우고 있는가?

— 그룹 토론

5. 팀 켈러의 메시지를 읽고 마음에 와 닿는 것은 무엇인가?

6. 팀 켈러는 다음과 같이 말했다.

> 그리스도인은 '거룩한 나라'이다. 세상과 구별되었다. 우리 주변 사람들과 다르다. 동시에, 우리는 '왕 같은 제사장'이어야 한다. 세상과 주변 사람들의 삶에 깊이 참여해야 한다.

당신이 속한 공동체는 어떤 모습인가?

7. "공동체 없이 하나님을 알 수도 없고, 깊이 변화할 수도 없고, 세상을 이길 수도 없다." 당신은 이것을 어느 정도 경험했는가?

8. 어떤 습관들이 선하고, 강하고, 건강한 그리스도인 공동체를 만드는 가? 당신이 속한 그룹이 공동체로서 삶을 깊게 할 수 있는 실제적인 방법들을 토론해 보라.

9. 나와 맞지 않는 사람들을 사랑하는 방법은 무엇인가?

10. 다음은 로마서 12장에서 추출한 목록이다.

- 정직하게 사랑하라. 잘못된 것에 대해 정직하게 말하라(9절).
- 비호감인 사람들도 사랑하라. 그들도 당신의 형제자매이기 때문이다 (10절).
- 다른 사람을 존중하고 가치 있게 여기고 사랑하라(10절).
- 실제적인 측면에서 사람들에게 관대하라. 당신의 가정, 돈, 시간을 공유하라(13절).
- 쓴 마음이 없이 사랑하라. 앙갚음하지 말라. 또는 서로에게 분노를 품지 말라(14절).
- 타인의 마음에 공감하라. 다른 이들과 정서적으로 참여하라(15절).
- 겸손으로 사랑하라. 당신과 다른 사람들(지식 수준, 학벌, 환경 등)과 함께 동료가 되라(16절).

다음 중 당신의 그룹이 실천하기 가장 어려운 것은 무엇인가? 왜 그런가? 어떤 구체적인 방법으로 개선할 수 있을까?

— 함께 기도하기

당신의 그리스도인 공동체를 인하여 하나님께 감사하라. 그리스도의 사랑이 당신의 마음에 불을 붙이사 다른 사람들과 지속적으로 사랑하고, 나누고, 섬길 수 있도록 기도하라. 이 공부를 통해 토론한 그런 종류의 공동체가 되도록 기도하라.

— 홈 스터디 과제 소개

공동체로서 우리는 복음을 말할 뿐만 아니라 베풀고, 사랑과 친절의 행동을 통해 복음을 살아낸다. 이 과의 과제는 당신의 그룹에 비그리스도인 친구들과 직장 동료들을 초대하는 것이다. 이것은 당신의 친구들에게 그리스도인 공동체와 함께 시간을 보낼 수 있는 기회를 제공할 것이다. 또한 당신의 공동체에게는 환영과 친절을 실천하는 기회가 된다.

　　구약성경에서 손님 환대는 정상적이고 보편적인 습관이었다. 예를 들어, 창세기 18장에서 아브라함은 그의 집 근처에 도착한 낯선 이들을 위하여 신속히 환대를 준비한다. 예수님은 열두 제자들을 파송하며 그들이 환대받을 것을 예상하셨다(막 6:8-11). 우리는 '손님 접대의 습관'을 행하도록 부름을 받았다(롬 12:13).

또한 서로에게 손 접대하도록 했다(벧전 4:9). 이 구절은 또한 '원망함이 없이' 환대할 것을 말한다. 창세기 18장 5절에서 환대의 목표는 다른 이들의 마음을 상쾌하게 하고 용기를 내게 하는 것이다. 잘 이루어진 환대는 관대하고, 불평하지 않고, 사랑하고, 새 힘이 나게 한다. 손님을 '손님처럼' 느끼게 하지 않으며 가족 구성원처럼 느끼게 한다. 환대는 안전감, 따뜻함, 안정감, 그리고 사랑의 감정을 전한다.

당신이 과제를 준비하면서, 어떤 분위기이기를 원하는지 생각해 보라. 손님을 환영하는 절차와 음식에 대해서 생각해 보라 - 당신의 손님이 여유 있고 편안하게 느끼게 하는 모든 것을 생각하라. 이것은 시간, 기획, 기도의 과정을 통해 가능하게 된다.

행사(이벤트)를 위한 아이디어들은 다음과 같다.

- 스포츠를 관람한다 - 현장 또는 TV.
- 스포츠를 같이 한다.
- 행사에 간다(극장, 미술 전시, 아트 갤러리 전시 등).
- 영화 보는 저녁 행사를 갖는다.
- 그룹원의 집에 모여서 식사를 준비한다(바비큐 또는 식당에서의 저녁 식사).
- 특별한 행사를 같이 보도록 준비한다(예. 선거, 시상식).
- 그룹원이 기술이나 재능이 있다면, 그와 관련된 활동을 조직한다(예

를 들어 예술 또는 무용 클래스).

- 그룹원이 특정 영역에서 훈련을 받았다면, 그 영역이 사용될 수 있도록 기획한다(예를 들어 자녀 교육에 대한 강연, 스트레스, 패션, 또는 어떤 주제든지).
- 당신의 친구들에게 잘 맞는 행사를 교회가 준비하고 있다면, 그들을 초대한다(예를 들어 결혼 생활 또는 재정 관리).
- 모든 토론에 특정한 시사 이슈를 중심으로 한 행사를 조직하라. 그리하여 그 주제에 대한 그리스도인의 관점을 제시한다(예를 들어 현재의 베스트셀러에 대한 토론).

어떤 이유로든, 당신이 행사(이벤트)를 기획할 수 없다면, 주일 하루를 정해서 친구들과 직장 동료들을 초정하라. 예배 후 식사를 함께하거나 커피를 한 잔 마시라.

- 그룹으로서 어떤 종류의 행사를 주최할지 결정하라. 그리고 다음 주간 언제 열 수 있을지도 살펴라. 그 행사를 위한 활동 계획들을 목록으로 정리해 보라. 각각에 대해 그룹 구성원들 중에 누가 책임을 질 것인지 배분하도록 하라.

〈표4〉

할 일	마감 일자	책임자 이름

행사명:

일시:

특별한 프로그램을 위해 기도하라. 모든 필요한 준비 과정과 친구들의 참여와, 그 행사를 통하여 하나님 나라가 확장되기 위해 기도하라. 이 시간을 통해 더 많은 사람들이 주님의 집으로 돌아오도록 간구하라.

Chapter 5

전도

대안적 도시

홈 스터디(Home study)

그룹 스터디(Group study)

5과 홈 스터디

"그리스도인들에게, 손님과 주인 관계에서 기쁨을 누린다는 것은 손님과 주인 사이의 평범한 주고받음이 하나님이 의미 있는 역할을 하신다는 기대를 반영한다. 이렇듯 환대는 특별함이다. 부지중에 천사를 대접했다는 구절은(히 13:2) 환대가 갖는 신성한 특성에 대한 감수성을 성경 저자가 표현한 것이다. 이러한 신령한 특성으로 말미암아 우리가 속한 사회는 더욱 풍성해진다."[37]

지난 모임에서 당신의 그룹은 비그리스도인 친구들과 직종 동료들을 초대하기로 결정했을 것이다. 기억하라. 이 시간은 친구들이 당신의 공동체와 함께 시간을 보낼 수 있는 기회이며, 당신이 공동체로서 환영과 친절을 실천할 수 있는 기회이다. 〈표4〉를 보고 당신에게 부여된 과제를 하라. 행사에 앞서 기도하는 시간을 가져라. 모든 필요한 준비들을 위해서, 하나님이 이 기회를 은혜롭게 사용하셔서 사람들을 그리스도인 공동체로 이끄시도록 기도하라. 이 과제를 통해서 모임을 준비하는데 도움을 받으라.

— 오이코스(oikos) 전도

행사 날짜가 다가올수록 당신은 누구를 초대할 것인지 고민할 것이다. 먼저, 초대의 손을 내밀 때는 솔직하고 투명한 것이 중요하다. 정확하게 어떤 일이 있을 것이며 누가 모임에 올지를 말하는 것이다. 이것이 당신의 공동체가 주선하는 모임이라는 것을 숨기지 말라.

당신이 사람들을 초대할 때, 그들은 당신의 믿음에 대해 질문할 수도 있다. 그들이 당신의 초대를 거부하더라도, 초대의 시간과 과정을 통해 당신은 그들과 복음을 나눌 수 있는 기회가 될 것이다. 모임이 끝난 후에 당신의 친구들은 신앙에 대해 더 질문을 할 것이다. 그리스도인 공동체의 일원이 되는 것이 어떤 의미인지 궁금할 수 있다.

사도행전에 등장하는 전도의 주된 방법은 '가정 전도'(household evangelism)이다(행 10:24; 16:15, 31; 18:8을 찾아보라). 오이코스(oikos)라는 헬라어는 '가정'을 의미하며 이는 핵가족보다는 훨씬 큰 단위이다. 그리스-로마의 가정은 여러 세대의 가족들을 포함할 뿐만 아니라 종들, 종의 가족들, 친구들, 그리고 사업상 동료들까지 포함했다. 당시의 오이코스는 흔한 관계망이었다.

- 친족 관련자(친척들)
- 지리적 관련자(이웃들)
- 직업적 관련자(동료들)
- 사업상 관련자(특수이해 동료들)
- 단지 가까운 친구들

오이코스 전도에서,

- 당신의 삶은 믿지 않는 사람들의 관찰 아래 있다.
- 당신의 삶은 신앙의 진리에 대한 증거이며 매력으로 작용한다. 사람들이 기독교가 실제 삶에서 어떻게 작동하는지를 볼 수 있어야 한다.
- 다른 사람이 '운전석에' 앉는다. 그들은 질문들을 던지고 속도를 결정한다.
- 복음의 겸손한 본성으로 말미암아 우리는 우월감은 전혀 없이 깊은 존중심을 가지고 사람들을 대하게 된다.

초대날이 다가올 때 당신은 무엇을 함으로써 오이코스 전도를 준비할 수 있겠는가?

당신의 오이코스에서 속하는 다섯 명의 목록을 작성해 보라(관계의 종류에 대해서 앞 페이지를 참조하라).

    1.

    2.

    3.

    4.

    5.

사람들을 위해 정기적으로 기도하라. 그들을 모임에 초대할 계획을 세우라.

5과 그룹 스터디

— 지난 과 요약

기도로 시작하라. 하나님께서 모임 가운데 일하시도록 요청하라. 아래 문단을 소리 내어 읽고 지난 과의 요점을 요약하라.

 지난 과에서 우리는 교회가 "왕 같은 제사장들이요 거룩한 나라요 그의 소유가 된 백성"임을(벧전 2:9) 살펴 보았다. 교회는 새로운 인류이다. 교회는 그리스도의 주되심 아래 사는 사람들의 새로운 공동체이다.

 우리는 훌륭한 공동체를 만들어야 한다. 예수님 말씀에 따르면(요 17:20-23) 우리가 그리스도의 참된 제자임을 세상에 나타내는 막중한 방법이기 때문이다. 사실, 공동체를 떠나서는 우리가 하나님을 알 수도 없고, 깊이 변화하거나, 세상을 이기지 못한다.

 이 과는 복음과 공동체에 관하여 계속해서 살펴본다. 공동체로서 우리가 어떻게 전도할 것인지를 본다.

- 3-5분 정도 홈스터디에 대해 토론하라. 당신에게 도움이 되었거나, 새로웠거나, 가슴이 뛰었거나, 또는 혼란스러운 것이 있었으면 무엇이든지 언급하라.

— 성경 본문 연구

사도행전 2장 42-47절을 소리 내어 읽으라. 이 본문은 초대교회를 설명하고 있다. 다음의 질문들을 차례로 살펴보라.

1. 초대교회가 어떻게 함께 배웠는가? 이를 통해 무엇을 알 수 있는가? 교제와 봉사에 대해 발견한 것은 무엇인가? 이를 통해 무엇을 배울 수 있는가?

2. 초대교회는 '매일' 모여 교제했다. 당신은 다른 그리스도인들과 매일 교제하고 있는가? 이것은 가능한 일인가? 가능하다면 이유는 무엇인가? 반대로 불가능하다면 그 이유는 무엇인가?

3. 초대교회가 어떻게 예배를 드렸는지, 그리고 어떻게 다른 사람들을 전도했는지에 대해 무엇을 알 수 있는가? 초대교회의 모습을 통해 배워야 할 것은 무엇인가?

4. 영국 신학자 레슬리 뉴비긴(Lesslie Newbigin)은 이렇게 말한다.

> 복음이 단지 이론이나 세계관이나 또는 단지 종교로 선파되는 것
> 으로는 사회를 위한 공적 진리가 되지 못한다. 사회 안에서(교회에
> 서) 구체화될 때 복음은 공적 진리가 된다. 교회는 그리스도 "안에
> 거주하는 동시에 세상의 삶" 가운데 참여해야 한다.[38]

그의 평가에 동의한다면 이유는 무엇인가? 동의하지 않는다면 이유는
무엇인가? 예를 들어 보라.

— 팀 켈러의 핵심 메시지

산 위에 있는 동네의 의미가 무엇이며, 대안적 도시의 역할을 찾아보자.

우리는 산 위에 있는 동네(도시)가 되어야 한다. 그것이 무슨 의미일까? 크리스천들이 세상이 볼 수 있도록 산 위의 도시가 되어야 한다는 것의 의미를 알면 참으로 놀랍다. 즉 우리가 대안적 도시가 되어 우리의 삶이 빛나서 천국의 도시의 영광을 세상에 보여 주어야 한다. 언젠가 하나님이 만물을 그리스도의 주권 하에 연합시키고 치유하실 것이다. 현재의 교회는 그리스도 하의 그 시대가 어떨지 보여 주는 모델이어야 한다. 그것이 대안적 도시, 산 위의 도시의 의미이다.

예수님이 산 위의 도시에 대해 말씀하신 것은 인간 사회의 대안적 모델, 모든 일을 하는 대안적 방식의 모델이 되라고 하신 것이었다. 일, 성, 관계, 예술, 갈등 해소 등 모든 것에 있어서 말이다. 오는 시대를 사람들에게 미리 보여 주려면 우리에게 필요한 것은 복음을 말하고 이웃을 사랑하고 공동체적으로 변화된 공동체가 어디에나 있는 것이다. 동네마다 구석구석마다 말이다. 그러므로 교회 개척, 즉 새로운 공동체 개척이 중요하다.

당신의 교회가 새 교회를 개척하는 것을 격려하지 않겠는가? 새 교회를 재정과 출석으로 돕지 않겠는가?

5. 무엇이 당신에게 새로웠는가? 당신에게 무엇이 감명 깊었는가? 마음
   에 생긴 질문은 어떤 것인가?

6. "대안 도시는 복음을 이야기한다"(An alternate city is gospel-speaking). 다른 사
   람들에게 예수님에 대해 이야기하는 것을 위축하게 만드는 것은 무엇
   인가? 어떤 사람들이 유독 당신을 위축하게 하는가? 이유는 무엇인가?
   예수님에 대해 사람들에게 말하는 동기는 무엇인가?

7. "당신의 행동에 일관성이 있다면 신뢰성이 생기게 된다. 복음이 당신을 바꾸고 있다는 것을 사람들이 본다면 신뢰를 갖게 될 것이다." 사람들이 당신의 삶의 방식을 알고 있는가? 당신의 공동체의 방식을 알고 있는가? 그들이 나와 공동체를 이해하지는 못하더라도 감사하고 있는가? 함께 나누어 보자.

8. 남아프리카의 목사이며 교회 개척가인 프랭크 리티프(Fran Retief)는 이렇게 썼다. "그리스도 없는 사람들은 지옥에 간다 - 당신이 정말로 이것을 믿는다면 당신은 위험을 감수해야 하며, 모험을 해야 하며, 실패할 각오를 해야 한다."[39] 그의 말에 대해 어떻게 생각하는가?

9. 지도력 있는 선교학자인 피터 와그너(Peter Wagner)는 이렇게 썼다. "새로운 교회를 개척하는 것은 하늘 아래 가장 효과적인 전도 방법이다."[40] 새로운 교회를 시작하는 것이 사람들을 전도하는 좋은 방법인지 생각해 보라.

10. "그리스도가 지상에 다시 오실 때, 현세는 완전히 끝이 나고, 내세는 완전히 도래할 것이다. 그 사이에서 우리는 사실상 두 세대 사이를 살고 있다 - 이것은 두 세대가 중첩(overlap)하는 시대이다." 우리가 내세에 충분히 초점을 두지 않을 때 생기는 오류는 무엇인가? 왜곡된 감정이나, 잘못된 습관들에 대한 결과는 무엇인가? 우리가 현세에 충분히 초점을 두지 않을 때는 어떤 잘못들이 생기는가?

― 함께 기도하기

미래에 하나님이 만물을 그리스도의 주 되심 아래 통일하시고 치유하실 것에 대하여 감사하라. 당신의 공동체가 '산 위의 동네(도시)'(a city on a hill) 가 되도록 기도하라(마 5:14). 당신이 하나님 백성의 공동체로서 하나님의 아름다움과 가시적인 실제성을 증거하도록 기도하라. 그리스도를 믿지 않는 사람들과 관계를 형성하며 증거할 수 있는 기회를 가지기 위해서 기도하라. 사람들 앞에서 복음을 살아내는 용기를 위해서 기도하라.

― 홈 스터디 과제 소개

6과는 일의 개념에 초점을 맞추고 있다. 어떻게 복음이 우리가 일하는 방식에 영향을 미치는지를 살펴볼 것이다. 우리의 일에 대해 어떻게 생각해야 할지를 볼 것이다.

Part 4

복음이
'세상'을 어떻게
변화시키는가

Chapter 6

직업

동산을 경작하기

홈 스터디(Home study)

그룹 스터디(Group study)

6과 홈 스터디

"인류의 모든 영역 가운데 우리의 주권자 그리스도가 '내 것이다!'라고 소리치시지 않으신 영역은 1평도 없다."[41]

그리스도는 모든 삶의 주권자시다. 우리 삶의 어떤 부분도 주님으로부터 떨어질 수 없다. 이 과제를 통하여 그리스도의 주되심이 어떻게 우리의 일에 영향을 미치는지를 생각하라.

— 창조, 타락, 그리고 우리의 일

인류는 해야 할 일을 타락 전에 받았다(창 2:15) - 죄가 있기 전에 그리고 세상에 어떤 문제도 없을 때에 받은 것이다. 그러므로 일하는 것은 하나님의 창조 목적에 속한다.

창세기 1-3장을 읽고 아래의 질문에 답하라.

1. 하나님이 피조 세계를 기뻐하셨음을 어떻게 나타내셨는가? 피조물과 당신에 대해서 어떤 관점을 가져야 하는가?

2. 창조가 여섯째 날에 도달했을 때 - 이야기는 더욱 장엄해지며 - 1인칭 복수형으로 바뀐다. "우리가 만들자." 그리고 아담과 하와는 즉시 일하기 시작한다. 하나님이 언급하신 일들의 목록을 만들어 보라.

3. 태초부터 하나님의 행동에는 리듬이 있었다 - 말하고/일할 때와 조용하고/안식할 때이다. 이것을 당신의 삶에 어떻게 적용할 수 있는가?

4. 타락 이후, 하나님께 등을 돌리고, 신의 역할을 대신하려는 인류에게 기본적으로 어떤 문제가 있는가? 이런 문제들이 당신의 삶에서 나타나거나 다른 사람들의 삶에서 나타나는 경우들이 있다면 예를 들어 보자.

타락으로 생겨난 문제들 중에 하나는 모든 사람들이 각자의 눈으로 세상을 본다는 점이다. 우리는 이것을 사람의 세계관이라고 부른다. 각 사람은 세상이 어떻게 돌아가는지에 대한 기본적인 관점을 갖고 있다. 그러나 자신의 세계관이 내적으로 일관성 있고, 세심히 숙고되었고, 지속적으로 지켜지는 사람은 드물다. 대부분의 사람들은 여러 가지 경험과 원천들에서 나온 조각들로 세계관을 짜깁기하기 마련이다.

모든 세계관들은 일정한 진리를 포함하고 있고 현실에 뿌리를 내리고 있다(그렇지 않다면 추종자들에게 신뢰성이 없거나 유용성이 없게 된다). 많은 세계관들이 기독교와 중복되는 영역들이 있기 때문에, 그리스도인들이 그들의 세계관에 빠져드는 것도 가능하다. 우리는 그리스도인의 세계관을 받아들이면서도, 직장이나 개인 생활에서는 다른 세계관으로 - 예를 들어, 개인주의나 물질주의 - 로 살아갈 수 있다.

그리스도인은 살아가고, 일하고, 문화 참여를 통해 세상을 보는 많은 방식들과 충돌한다. 많은 신념 체계들과 많은 종교들이 있다. 세상에서 성경 속 그리스도인의 세계관을 가지고 일하려 한다면, 우리의 문화와 일터 가운데 지배적인 다른 세계관들을 분별하는 법을 배우는 것이 필요하다.

다음을 읽고 몇 가지 이슈들을 생각하는데 도움이 될 것들을 찾아보라.

— 세계관 이해하기

'세계관'이라는 개념을 이해하는 한 가지 방법은 그것을 '이야기'로 생각하는 것이다. 모든 이야기처럼, 세계관은 다음을 담고 있다.

- 목적, '사명' - 선하고 의미 있는 목적을 향한 움직임
- 문제 - 목적에 도달하기 위해 해결되어야 할 필요가 있는 것이나 돌파되어야 할 장벽
- 해법 - 문제에 대한 해결책

그러므로 '세계관'은 세상의 이야기다. 사람의 인생에서 일어나는 이야기다.

- 인생의 목적은 무엇인가? 그리고 우주의 목적은 무엇인가? 우주란 무엇인가? 왜 세상이 존재하는가? 왜 우리는 여기에 존재하는가? 우리가 해야 할 주된 일은 무엇인가? 무엇을 위해서 살아야 하는가? 무엇이 목표인가?
- 인간 본성은 무엇이 문제인가? 왜 현실과 이상은 동떨어져 있는가? 무엇이 우리에게 주된 문제인가? 왜 우리는 목적을 실현하지 못하는가? 우리의 적은 누구인가? 무엇이 우리를 방해하는 세력인가?

- 문제 해결의 방법은 무엇인가? 잘못된 것을 해결하거나 고치는 주된 방법은 무엇인가? 우리는 어떤 방법으로 장벽을 돌파할 수 있는가? 우리를 도울 수 있는 사람들이나 세력은 누구인가?

모든 사람은 각자의 세계관을 가지고 이러한 질문들에 답해 왔다.

〈표 5〉를 통해 정리된 세계관을 볼 수 있다. 주요 문제와 해결 방법에 대한 관점은 다양하지만 각각의 범주는 주제에 대한 목적의 관점이 비슷하다. 세계관을 몇 줄로 정리한다는 것은 환원주의적이고 지나치게 단순화하는 작업이다. 이 세계관들에 대한 포괄적인 제시를 하려는 의도가 아니다. 단지 세계관에 대해서 전반적인 감을 익히기 쉽게 도우려 한다.

첫 번째 범주는 전통 종교적 범주이다.

플라톤주의

- 목적 - 물질 세계는 그림자이며 잘못 되었다. 실제 세계는 비물질적인 '원형들'(Forms)과 이데아의 영역이다. 삶의 목적은 완벽한 이데아의 영역에 맞추어 알고 살아가는 것이다.
- 문제 - 영혼은 선하지만 육체는 악하다. 영혼 안에 있는 감정들과 갈망들은(몸의 편안, 음식, 성에 대한 욕구와 크게 연관되어) 종종 이성과 전쟁을 벌인다. 제대로 교육을 받는다면 '원형들'의 영역에서 고쳐질 수 있다. 문제는 몸과 열정이 너무 자주 정신을 이긴다는 것이다.
- 해법 - 사람들을 교육시키는 것이다. 이성이 육체와 식욕을 이기도록 해야 한다. 가장 교육을 잘 받은 시민들로 하여금 사회를 책임지

도록 해야 한다.

전통 종교들

- 목적 - 두 개의 세계가 존재하며 영원한 세계와 한시적인 세계이다. 이 한시적인 세계는 영원한 세계에 비하여 덜 중요하다. 우리의 목적은 선하고 도덕적인 삶을 사는 것이며 영원을 준비하는 것이다.
- 문제 - 우리의 문제는 도덕적 실패와 미덕의 결여다. 선한 삶을 살지 않고 있기 때문에, 세상에는 수많은 문제가 발생한다.
- 해법 - 신성한 도움과 종교 공동체의 도움으로 우리는 정신적 노력을 통해 선하고 미덕 있는 사람들이 되어야 한다. 가족을 사랑하고 세상을 도와야 한다. 이것이 다음 세상을 위한 준비를 하게 한다.

두 번째 범주는 자연주의 범주이다.

과학적 자연주의

- 목적 - 역사는 직선적 운동이며 인과관계로 연결되어 있다. 물질세계 바깥에는 실재가 없다. 모든 것은 자연선택에 의한 생물학적 진화의 결과이다. 우리가 여기 있는 것은 생존하였기 때문이다. 인생의 '목적'은 생존이다.
- 문제 - 세상의 문제는 기본적으로 경쟁이다. 경쟁으로 승자와 패자가 나뉜다.
- 해법 - 실증조사와 과학적 실행으로 많은 인간 문제를 제거할 수 있

다. 진화의 과정은 결국 우리를 '전진하게' 할 것이다.

심리 역동(프로이드로부터 파생된 현대의 모든 개인주의적 심리학을 포괄적으로 호칭한다)

- 목적 - 이 관점은 자연주의의 과학적 세계관에 가정한다. 그러나 동시에 그 뿌리가 낭만주의에 있다. 개인적 자유의 목적을 강조하며 내적 자아와 열정의 발견을 중시한다.
- 문제 - 인간 존재는 쾌락에 대한 원초적인 욕구들로 구성되어 있다. 이러한 욕구들은 반드시 사회 안에서 살아가도록 제한되어야 한다. 사랑하지 않고 억압적인 가족들과 사회야말로 욕구와 양심, 그리고 개인과 사회 사이에 불균형을 초래하는 주범이다.
- 해법 - 참된 욕구들을 의식하고 그것들을 할 수 있는 한 충족시켜야 한다. 물론 다른 사람들의 자유를 침해하지 않아야 한다.

세 번째 범주는 반현실주의 범주이다

실존주의

- 목적 - 인간은 생물학적, 역사적, 경제적 힘들에 의해 결정되지 않는다. 절대적이거나 객관적인 가치들이란 존재하지 않는다. 인생에 주어진 목적이란 없다. 그러므로 우리는 근본적으로 자유롭다. 인생의 목적은 자유를 붙잡는 것이다.
- 문제 - 우리가 어떤 사람이고 싶은지, 어떤 삶을 살고 싶은지 스스로

결정해야 한다는 것이 문제이다. 이것을 전통에 의존해서는 발견할 수 없다. 완전히 새롭게 창조해야만 한다.

- 해법 - 우리의 근본적인 자유를 받아들이며 무의미와 싸움으로써 의미를 창조해야 한다. 질병, 고통, 슬픔, 가난 등과 싸움으로써 가능해진다.

포스트 모더니즘

- 목적 - 실제적인 세계에 대한 객관적인 지식은 성취 불가능하다. 대상들의 특성은 인간의 창조적인 투사일 따름이다. 물론 우리의 현실을 완전히 새롭게 창조해야 한다는 점에서는 실존주의와 동의한다. 그러나 이를 개인이 할 수 없다고 말한다. 모든 진리는 공동체 안에서 사회적으로 구성되는(socially constructed) 것이다.

- 문제 - 공동체의 정체성은 불가피하게 스스로 규정되는데 '우리가 아닌 자들' 즉 타자에 의해서 결정된다. 이것은 사람들을 소외시키고 억압한다. 모든 진리 주장(truth-claims)은 사실상 집단과 집단 사이의 권력 다툼일 뿐이다.

- 해법 - 모든 진리 주장들을 거부하고 해체해야 한다. 권력을 유지하기 위해서 사회적으로 구성된 노력들임을 폭로한다.

— 기독교 세계관

네 번째 범주는 기독교 복음이다.

그리스도인의 복음

- 목적 - 하나님은 선하고, 아름다운 세상을 만들고 존재들로 채우셔서 삶을 기쁨과 평화로 가득하게 하셨다. 하나님과 서로를 알고, 섬기고, 사랑하게 하셨다.

- 문제 - 하지만 우리는 하나님과 서로 대신에 자신과 물질을 삶의 중심에 놓았다. 이로 말미암아 창조 세계의 해체가 도래하였다. 평화의 상실이 우리 안에, 사람 사이에, 그리고 자연 그 자체 안에 일어났다.

- 해법 - 하나님은 인간의 역사에 들어 오셨다. 예수님의 인성으로 오셔서 죄로 인하여 단절된 관계에서 오는 원인과 결과들을 다루셨다. 예수님은 우리가 창조될 때 의도된 바로 그 삶을 사셨다. 그리고 우리가 실제로 산 삶에서 발생하는 죄의 비용을 지불하기 위해 죽으셨다. 또한 부활을 통해서 죽음이 해결되었음을 보여 주셨다. 그리스도는 우리에게 미래를 보여 주신다 - 새로운 몸으로 완전한 새 하늘과 새 땅에서 세계는 회복되어 완전한 기쁨, 영광, 평화가 가득할 것이다.

〈표5〉

	전통 종교 범주	자연주의 범주	반현실주의 범주	기독교 복음
목적	정신적 선	생존	자유	하나님을 아는 것
문제	정신적 실패	적응력 부족	억압	죄
해법	자아(노력)	자아(지식)	자아(해방)	그리스도와 그의 은혜

성경이 요구하는 새로운 공동체는 모든 문화와 세계관에 영향을 미친다. 다시 말해서, 어떤 세계관에도 꼭 맞지는 않으며, 그들은 모두 어느 지점에서 도전한다.

복음이 문화 또는 세계관 속으로 들어갈 때, 도전과 긍정이 함께 일어난다. 또한 유지하면서 동시에 거부한다. 복음이 어떤 문화 속으로 들어가든지, 부분적으로 진리였던 것들을 해결하면서 완성하는 것이다.

라민 사네(Lamin Sanneh) 교수는 *Translating the Message*(메시지의 번역)[42]이라는 책에서 오직 기독교만이 토착 문화의 이야기를 말살하지 않았음을 주장한다. 오히려 토착 이야기 속으로 들어가서, 왜곡된 것들과 우상숭배적 요소들을 깨끗하게 하고, 미해결된 이야기들을 그리스도 안에서 해결한다. 위에서 묘사한 한두 가지 세계관을 선택해서 다음의 질문은 답하라.

5. 이 세계관은 어떤 점에서 부분적으로 참인가?

6. 복음의 토착 이야기 속으로 들어가 어떤 반응을 일으켰는가?

우리는 특정 문화와 세대의 세계관에 참여할 수밖에 없다. 그러나 복음은 보는 방식을 달라지게 한다. 우리의 직무를 포함해서 모든 것을 살펴야 한다. 그리고 무엇이 선이며 보존할 것인지, 무엇이 왜곡되어 있어서 거부해야 하는지, 그리고 복음으로 무엇을 수정하고, 개명하고, 새롭게 만들어야 할지를 결정해야 한다.

다음의 표에서 당신의 특정한 직장에 관련된 이슈들을 생각하며 답하도록 하라.

〈표6〉

질문들	당신의 직장
무엇이 일의 주요 목적인가? 어떤 목표를 이루려고 하는가?	
어떤 방법들이 목적을 이루기 위해 사용되는가? 목표를 달성하기 위해 어떤 노력을 하는가?	
당신의 직장에서 문제가 생길 때 누가 결정하는가? 무엇이 중요한지를 결정하는 사람들은 어떤 종류의 사람들인가?	
어떤 사람들이나 상황이 의사 결정에 영향을 미치는가?	
성공의 의미는 무엇인가?	
무엇이 우상들인가?	
존경받는 사람은 누구인가?	
그리스도인들은 어떤 특징을 가진 사람들인가?	
그리스도인이 불쾌하게 받아들여지는 때는 언제인가? 그리스도인의 무엇이 가장 존중되고/가치를 인정을 받는가?	

어떤 세계관이 당신의 분야 또는 당신의 직장에서 가장 중요한가?	
그 세계관이 일의 형태와 내용에 어떻게 영향을 미치는가?	
지배적 세계관의 어떤 부분들이 복음과 기본적인 일치를 이루는가?	
지배적 세계관의 어떤 부분들이 그리스도와 화해 불가한가?	
어떻게 그리스도가 문화의 이야기를 완성하는가?	
어떤 영역에서 당신은 일의 문화를 도전하도록 부르심을 느끼는가?	
그리스도인으로서 탁월성과 구별성을 갖고 일할 수 있는 어떤 기회들이 존재하는가?	
(1)사람들을 섬기며, (2)사회를 섬기며, (3) 그리스도를 전할 기회로 삼아야 할 것은 무엇인가?	

가능하면, 이 표를 채운 후에, 당신 분야의 사람들과 그 의미를 같이 나누는 것이 도움이 될 것이다.

N. T. 라이트는 《Jesus 코드》에서 우리 문화의 첨단에 서라고 도전한다. 그는 말한다.

> 복음은 세상의 모든 문화의 첨단에 서라고 우리를 도전한다. 역사 속에 뿌리내린 기독교의 세계관을 이야기, 음악, 예술, 철학, 교육, 시, 정치, 신학 안에서 탁월하게 표현하는 것을 통하여 현대성과 후기 현대성 모두에게 도전을 준다. 그리하여 기쁨과 유머와 온유함과 올바른 판단력과 참된 지혜를 가지고 후기 현대 세계 속으로 침투하는 것이다. 현재 우리는 질문을 마주하고 있다. 지금 하지 않는다면, 언제 하겠는가?
>
> 만일 우리가 이 비전에 사로잡힌다면, 우리는 또한 질문을 들을 것이다. 우리가 아니라면, 누가 하겠는가? 만일 예수님의 복음이 이 직무를 여는 열쇠가 아니라면, 무엇이 하겠는가?[43]

당신이 내린 답에 대해서 기도하라. 당신과 공동체 사람들이 믿음을 직장에서 그리고 전체 문화의 첨단에서 살아내기를 시작할지 기도하라.

6과 그룹 스터디

— 지난 과 요약

기도로 시작하라. 하나님께서 모임 가운데 일하시기를 기도하라. 아래의 문단을 소리 내어 읽고 지난 과의 요점을 요약하라.

지난 과에서, 우리는 공동체가 '산 위의 도시'임을 보았다(마 5:14). 세상은 반드시 예수 그리스도의 왕 되심 아래 그리스도인 공동체에서 나타나는 모든 아름다움을 볼 것이다. 또한 우리는 복음을 말하고, 이웃을 사랑하고, 공동체를 변화시키는 그리스도인이 세상 어디에나 있는 것의 중요함을 보았다. 오직 복음만이 우리로 하여금 대안적 도시를 함께 건설할 수 있게 한다.

이 과의 주제는 복음과 직업이다.

• 3-5분 정도 홈스터디에 대해 토론하라. 당신에게 도움이 되었거나, 새로웠거나, 가슴이 뛰었거나, 또는 혼란스러운 것이 있었으면 무엇이든지 언급하라.

─ 성경 본문 연구

마태복음 6장 19-21절을 소리 내어 읽으라. 그리고 아래의 질문들을 차례로 살펴보라.

1. 왜 예수님은 '보물을 땅에' 쌓기보다 '보물을 하늘에' 쌓으라고 말씀하셨는가(20절)? "네 보물 있는 그곳에는 네 마음도 있느니라"고 예수님이 말씀하신 것의 의미는 무엇인가?

2. 당신이 아는 대부분의 사람들은 그들의 시간과 에너지와 돈을 어떻게 사용하는가? 당신이 가장 쉽고 즐겁게 돈을 사용하는 곳은 어디인가?

3. 당신과 그룹원들은 어떻게 '보물을 하늘에' 쌓아두는 삶을 살겠는가?

4. 재물을 하늘에 쌓는 한 가지 확실한 방법은 이 땅에 있는 우리의 재물에 대해 기뻐하고 생각하고 감사하는 것이다. 우리는 부분적으로 이것을 안식일에 한다. 뉴욕 타임즈에 실린 "안식일을 회복하라"는 글은 이렇게 말한다.

> 직업과 우리의 관계가 제대로 정립되지 않았다는 무수한 증거가 있다. 수천 년 동안 일중독을 합리적으로 관리해 온 기관을 대표해서 논증하도록 해 보자. 대부분의 사람들은 일을 쉰다는 것이 단지 일을 안 하는

것이라고 잘못 알고 있다. 안식일의 창시자들은 안식이 훨씬 복잡한 것임을 알았다. 당신은 쉽고 편하게 삶을 단순화할 수 없다. 이것이 청교도들과 유대인들이 안식일에 대해 까다롭게 의도적이었던 이유다. 규칙은 성실한 사람들을 고문하기 위해 존재하는 것이 아니다. 끊임없이 반복되는 노력의 여정을 중단하는 것은 놀랍게도 강력한 의지의 작용이 필요하다. 그런 의지는 습관과 사회적 제재를 통해서 강화되어야 한다.[44]

이 인용구는 규칙적인 안식이 엄청나게 의도적인 훈련 없이는 이루어지지 않는다는 것을 설명한다. 안식일을 준수하도록 우리에게 도움이 될 수 있는 실제적인 습관과 유용한 실천들에 어떤 것이 있는지 토론하라.

— 팀 켈러의 핵심 메시지
우리의 일터 속에서 그리스도인으로 살아간다는 것은 무슨 의미일까?

우리가 하는 모든 것에 복음이 절대적으로 영향을 미쳐야 한다. 회사를 위해 일하든, 가족을 위해 일하든, 집에서 일하든, 밖에서 일하든, 돈을 받고 일하든, 받지 않고 일하든, 당신이 선택한 일이든, 맡겨진 임무든, 당신의 일 속으로 복음을 가져와야 한다.

일반적으로 크리스천은 믿음을 일과 동떨어지게 본다. 그래서 질문할 것은 그냥 크리스천일 뿐인지 아니면 우리가 가수, 법조인, 배관공, 자원봉사자, 버스 기사, 교사이면서 또한 매일의 일이 복음으로 빚어져 있는가 하는 것이다.

복음은 우리의 일하는 동기를 변화시킨다. 과거에 돈을 벌기 위해서, 생계를 잇기 위해서, 혹은 지위를 얻거나 인정받기 위해서 일했다면, 이제 하나님을 기쁘시게 하려고 일한다. "무슨 일을 하든지 마음을 다하여 주께 하듯 하고 사람에게 하듯 하지 말라 이는 기업의 상을 주께 받을 줄 아나니 너희는 주 그리스도를 섬기느니라(골 3:23-24)."

이제 하나님이 당신의 상사이고 고객이시다. 하나님이 당신의 관객이시고 감독자이시다. 하나님이 당신의 일을 지켜보고 계시므로 힘을 다해 일해야 한다. 왜냐하면 당신은 하나님을 위해 일하는 것이기 때문이다. 당신은 사람들이나 돈을 위해 일하지 않고 정말로 하나님을 위해 일한다.

오늘 힘을 다해, 창의성을 발휘하여, 마음을 다해 일하라. 하나님이 주신 선물과 은사의 좋은 청지기가 되라. 복음을 당신의 일터에서 실현시켜 보라.

— 그룹 토론

5. 팀 켈러의 메시지 중 새롭게 다가오거나 특별한 영향을 준 것은 무엇 인가?

6. 일은 좋으며 존엄한 것이라는 것을 가르쳐 주는 성경적 가르침들의 실 제적인 시사점은 무엇인가?

7. 하나님과 직업을 결코 분리해서는 안 된다는 성경적 가르침은 실제로 어떤 의미가 있는가?

8. 동료들에게 그리스도에 대해 말하는 것 외에, '복음을 일터로 가져가는' 것은 어떤 의미인가? 당신이 그리스도인으로서 구별된 모습으로 일터에서 살아가는 비전을 상상하라.

9. 마태복음 11장에서, 예수님은 "쉬게 하리라"고 약속하신다(28절). 예수님이 복음 안에서 주시는 깊은 안식은 우리와 직업의 관계에 어떤 변화를 가져올 수 있는가?

10. "당신은 직장이 복음을 공유해야 할 곳이면서 동시에 복음이 우리가 일하는 방식을 바꾸어 놓는 곳이어야 한다." 이 말이 당신의 직업 세계에 어떤 독특하고 도움이 되는 행동을 가져올 수 있을까?

— 함께 기도하기

하나님께 감사하라. "우리 인류의 모든 존재 영역 가운데 그리스도, 우리의 주권자가 '내 것이다!'라고 소리치시지 않는 영역은 1평도 없다.' 당신의 관계, 직장, 가정생활, 습관과 태도, 교회 내 관계에서 당신이 해야 하는 대로 그리스도를 나타내는 일이 없도록 하나님이 길을 보여 주시도록 기도하라. 또한 당신이 어떻게 '복음이 삶 속으로 들어오게 할지' 공동체 내에서 더 잘 배울 수 있도록 기도하라.

— 홈 스터디 과제 소개

7과는 우리의 이웃과 지역 사회와 어떻게 연결될 것인가를 다룬다. 이웃들을 돕기 위해 시간과 돈과 에너지와 노력을 기부할 수 있는 많은 길들이 있다. 당신의 그룹을 봉사자 그룹으로 조정하는 것이 과제이다. 일종의 정의나 자비의 사역 형태를 취해 보라.

교회 리더십은 당신에게 자원 봉사의 기회를 줄 수 있어야 한다. 리더십들이 잘 아는 단체나 관련된 단체들을 활용하라. 아래는 자원 봉사 사역 가능성이 있는 예이다.

- 노숙자들을 섬기는 사역 - 예를 들어 식사 제공, 음식 창고, 의복, 쉼터, 의료 봉사, 위기 상담, 직업 훈련 등
- 실업자, 위기 청소년, 이민자, 사회적이나 가족의 지원이 없는 사람들의 특수한 필요를 채우는 사역들

175

- 마약 중독과 다른 중요한 삶의 위기 문제로 힘든 삶을 사는 청년, 노인, 가족들과 함께하는 사역들
- 공동체 이슈에 초점을 맞추는 사역들 - 예를 들어, 주택, 취업, 교육, 경제 개발, 건강 의료 등을 적정가에 제공하는 사역
- 청소년에게 교육, 일대일 상담, 여가 프로그램들을 제공하는 사역들
- 연간 특별한 때에(예를 들어 성탄절) 선물과 음식을 제공함으로써 섬기는 사역들

당신의 그룹이 어떻게 자원 봉사를 하기 원하는지 결정하라. 구체적인 날짜와 시간을 정해서 함께 섬기라. 관련 단체에 연락해서 접촉하고 참석할 사람들을 연결하는 일을 할 담당자를 그룹 내 멤버 중에서 정하라(그룹 구성원 전원이 참여하기가 너무 어렵다면, 그룹을 나누어서 몇 명씩 할 수 있도록 하라).

가난한 사람들과 소외된 사람들을 당신이 선택한 사역 속에서 섬길 마음과 시간을 가질 수 있도록 기도하라.

Chapter 7

정의

타자를 위하는 사람들

홈 스터디(Home study)

그룹 스터디(Group study)

7과 홈 스터디

"사람아 주께서 선한 것이 무엇임을 네게 보이셨나니 여호와께서 네게 구하시는 것은 오직 정의를 행하며 인자를 사랑하며 겸손하게 네 하나님과 함께 행하는 것이 아니냐"(미 6:8).

모든 피조물이 하나님의 나라와 샬롬을 경험하기를 원하시는 열망 가운데, 하나님은 특별한 긍휼과 보호를 가난한 사람들과 소외된 사람들에게 성경 전체를 통해 나타내신다. 과제를 통하여 '정의를 행하며' '인자를 사랑하며' 사는 것이 무엇인지에 대해 생각하도록 하자.

복음과 이웃

팀 켈러의 《여리고 가는 길》[45]의 한 부분을 읽으라.

    은혜의 복음은 그 은혜를 받은 자들에게 두 가지 큰 영향을 미친다. 이들은 자격 없는 하나님의 원수인데도 자비를 받은 것을 아는 사람들이다. 그러므로 가장 자격 없고 까다로운 사람들에게도 사랑의 마음을 품어야 한다. 창녀, 알코올 의존증 환자, 재소자, 약물중독자, 미혼모, 노숙자, 난민들을 바라보는 그리스도인은 자신이 거울을 보고 있다는 걸 안다. 어쩌면 그 그리스도인은 평생 존경받는 중산층 인사로 살았는지도 모른다. 그러나 상관없다. 그는 이렇게 생각한다. '신체적으로나 사회적으로는 이들과 전혀 다른 모습이었지만, 영적으로는 다를 바가 없었다. 그들은 소외된 자들이고, 나도 과거에는 마찬가지였다.'

    오늘날 많은 사람들이 가난한 사람들 중에서도 '자격 있는' 이들을 구제하는 데 관심을 둔다. 사람들의 자립을 돕기 위해 우리가 도와야 하는 것은 사실이다. 이 문제는 나중에 다시 자세히 다루겠다. 또한 우리가 궁핍한 그리스도인 형제를 도와야 할 의무가 있는 것처럼 세상 모든 가난한 자들을 돌볼 의무가 없다는 것도 사실이다. 하지만 자비 사역에서 '자격'이라는 말을 사용할 때는 매우 주의해야 한다. 과연 우리는 하나님의 자비를 받을 자격이 있었는가? 정말로 자격이 충분한 사람이 있다면, 그 사람에게 베푸는 도움은 자비인가?

    조나단 에드워즈는 그리스도인의 자선 의무에 반대하는 사람들에게 답하는 글을 썼다. 어떤 사람이 "왜 내가 자기 죄로 인해 가난한 사람을 도와야 하는가?"라고 이의를 제기했다. 이에 에드워즈는 다음과 같이 대답했다.

> 그들이 악한 태만과 방탕(게으름과 방종) 때문에 그렇게 가난하게 됐다고 해도, 계속해서 그런 안에 빠져 있지 않는 한 그들을 구조해야 할 의무가 우리에게 면제되지는 않는다. 우리가 그리하지 않으면, 그리스도가 우리를 사랑하신 것처럼 서로 사랑하라는 규율에 정반대로 행동하는 셈이다. 그리스도는 우리를 사랑하사 불쌍히 여기셔서, 우리의 어리석음과 악함으로 자초한 욕망과 비참함으로부터 우리를 구하려고 목숨을 버리셨다. 그러나 어리석게도 우리는 받은 그 풍성한 부를 버리고 영원히 행복하게 살 수도 있었을 기회를 놓쳤다.

은혜를 아는 그리스도인들은 '자격 없는' 가난한 자들을 쉽게 포기하지 않는다. 그리스도의 자비는 가치에 근거하지 않았다. 오히려 그 자비가 우리를 가치 있게 만든다. 따라서 우리도 일정한 가치 기준에 도달한 사람들에게만 자비를 베풀어 서는 안 된다.

누가복음 6장 32-36절은 이 원리를 선명하게 설명해 준다. 여기서 예수님은 원수를 사랑하라고 말씀하신다. 이 사랑은 행동으로 나타나야 한다고 매우 구체적으로 말씀하신다. 원수라도 필요하다면 돈을 꾸어 주고(33-34절), 그들을 선대해야 한다(33, 35절). "그리하면 지극히 높으신 이의 아들이 되리니 그는 은혜를 모르는 자와 악한 자에게도 인자하시니라. 너희 아버지의 자비로우심같이 너희도 자비로운 자가 되라"(35b-36절).

하나님은 감사할 줄 모르고 악한 자들, 곧 과거의 우리 같은 사람들에게도 자비를 베푸신다. 그러니 우리도 그런 사람들에게 자비를 베풀면 하늘에 계신 아버지와 같이 될 것이다.

예수님은 마태복음 18장 21-35절에서 이 원리를 더 강하게 뒷받침하는 비유를 말씀하신다. 1만 달란트 빚진 종을 용서해 준 왕의 이야기이다. 당시 한 달란트는 일반 노동자의 15년 치 임금에 해당하므로, 예수님은 갚을 수 없는 무한정한 빚을 표현하려고 이 숫자를 사용하신 것이 틀림없다.

용서받은 종은 자기에게 얼마간의 돈을 빚진 다른 종을 우연히 만난다. 첫 번째 종이 왕에게 그랬듯이 두 번째 종도 자비를 베풀어 달라고 애원하지만, 용서받은 종은 들은 못들은 척 한다. 이 소식을 들은 왕은 자신이 용서해 준 종을 불러와 불같이 화를 낸다. "내가 너를 불쌍히 여김과 같이 너도 네 동료를 불쌍히 여김이 마땅하지 아니하냐"(마 18:33).

예수님이 이 비유를 말씀하신 목적은 무조건적 용서의 원리를 가르치시기 위해서이다(22, 35절). 마찬가지로 자비 사역의 동기와 근거도 하나님의 은혜다.

이제 우리는 왜 예수님(과 이사야, 야고보, 요한, 바울)이 진정한 기독교와 가짜 기독교를 판단하는 기준으로 자비 사역을 사용했는지 알게 되었다. 자신의 도덕성과 훌륭한 됨됨이로 하나님의 자비를 얻을 수 있다고 믿는, 그저 독실하기만 한 사람은 소외된 사람들을 경멸하기 쉽다. '나는 열심히 해서 여기까지 올라왔어. 그러니 다들 그렇게 할 수 있다고!' 도덕주의자는 속으로 이렇게 말하지만, 그리스도인은 속으로 이렇게 말한다. '지금의 나는 순전히 하나님의 자비로 이루어졌어. 나는 다른 사람들과 하나도 다를 바 없이 똑같아.' 민감한 사회적 양심과 궁핍한 사람들을 향한 자비 행위에 헌신한 삶, 이 두 가지는 하나님의 은혜의 교리를 이해한 사람에게 반드시 나타나는 표지이다.

은혜의 복음이 사람에게 미치는 두 번째 중요한 영향은 마음에서 너그러움이 우러나온다는 것이다. 성경에 같은 나라 사람을 도와야 한다는 말씀이 수없이 나오는데도 제사장과 레위인은 강도 만난 사람을 그냥 지나쳤다. 하지만 사마리아인이 자비를 베풀 것이라고 기대한 사람은 아무도 없었다. 예수님이 사마리아인을 이야기에 등장시킨 이유는, 인종과 역사를 감안할 때 그가 강도 만난 사람을 도와줄 의무가 전혀 없었기 때문이기도 하다. 그에게 봉사를 명하는 법률도, 사회 관습도, 종교적인 권면도 없다. 그런데도 그는 그냥 지나치지 않는다. 왜 그랬을까? 누가복음 10장 33절은 사마리아인이 그를 보고 불쌍히 여겼다고 말한다.

얼마나 분명한 메시지인가! 에드먼드 클라우니의 표현대로, "하나님은 요구할 수 없는 사랑을 요구하신다." 하나님은 자비를 명령하시지만, 그 명령에 대한 반응으로 자비를 베풀어서는 안 된다. 오히려 우리가 받은 하나님의 자비에 대한 반응으로 너그러움이 흘러나와야 한다.

책이나 강연에서는 그리스도인들이 가진 것이 많기 때문에 어려운 사람을 도와야 한다는 언급이 종종 나온다. 물론 그 말에도 일리는 있다. 상식적으로, 인류가 이 행성에서 함께 살아가려면 자원을 끊임없이 분배해야 한다.

그러나 이런 접근법은 동기 유발에 한계가 있어서, 결국에는 죄책감을 낳는다. 말하자면 이런 식이다. "세상 사람들은 굶주리고 있는데 나 혼자 고기를 구워 먹고 차를 두 대나 몰고 있으니 얼마나 이기적이냐!" 이런 말을 듣는 그리스도인들은 정서적으로 엄청난 갈등을 느낀다. 죄책감을 느끼는 동시에 온갖 종류의 방어 기제가 작동한다. "내가 이 나라에서 태어난 걸 어떡해? 내가 차를 한 대만 소유한다면 정말로 도움이 되는 사람이 있을까? 내가 수고한 대가를 누리는 게 당연한 권리 아냐?" 이런 고민들로 피곤해진 우리는 얼마 안 있어 가난한 사람들에 대해 죄책감을 안겨 주는 책과 강사를 멀리한다.

성경은 동기부여를 위해 죄책감을 사용하지 않고도 강하게 자비 사역을 주장한다. 고린도후서 8장 2-3절에서 바울은 마게도냐 그리스도인들이 예루살렘의 기근 피해자들에게 후하게 베풀었다고 말한다. 그는 "환난의 많은 시련 가운데서 그들의 넘치는 기쁨과 극심한 가난이 그들의 풍성한 연보를 넘치도록 하게 하였느니라"(2절)고 언급한다. 마게도냐 사람들은 예루살렘에 있는 어려운 사람들보다 더 낮은 사회 계층이었다. 그들도 나름대로 끔찍한 시련을 겪고 있었다. 그런데도 예수살렘에 연보를 보내게 된 동기는 무엇이었을까? "그들의 넘치는 기쁨"(2절)과 "그들이 먼저 자신을 주께 드리고"(5절). 이것이 자기를 비운 주님에 대한 마게도냐인들의 반응이었다. 그들은 소득 수준에 따른 비율로 헌금하지 않고, 그리스도의 선물에 반응했던 것이다!

자비는 하나님의 은혜를 체험한 데서 비롯된 자발적이고 넘치는 사랑이다. 하나님의 무한한 은혜를 깊이 체험할수록 더 너그러이 베풀어야 한다. 이것이 로버트 머리 맥체인이 이렇게 말할 수 있었던 이유이다. "이 말씀을 듣는 많은 분들이 이제는 저들이 그리스도인이 아닌 줄 알 것입니다. 그들은 베풀기 싫어하기 때문입니다. 마지못해 주는 것이 아니라 관대하고 통 크게 베풀려면 새로운 마음이 필요합니다.”

달리 표현하면, 자비 사역은 하나님의 은혜에 대한 감사의 제물이다. 부활하신 구세주가 이곳에 몸으로 계시지 않기에 우리가 그 발에 향유를 바를 수는 없지만, 사랑과 영광의 그리스도께 드리는 제물로 우리가 섬겨야 할 가난한 사람들은 있다(요 12:1-8을 보라). 굶주린 사람들에게 보낸 마게도냐 그리스도인들의 연보는 하나님께 드리는 찬양으로 충만하다(고후 9:12-15). 바울은 빌립보 교인들의 “받으실 만한 향기로운 제물이요 하나님을 기쁘시게 한 것”으로 인해 마음이 흐뭇해(빌 4:18)졌다, 히브리서 저자는 경제적 나눔이 곧 찬송의 제사라고 가르친다(히 13:15-16).

왜 너그러운 베풂이 그리스도인의 표시인가? 죽을병에 걸린 사람이 있다고 상상해 보자. 의사는 환자를 확실히 고칠 수 있는 약이 있다고 알려 준다. 이 약이 아니면 희망이 없다. “그런데 이 약이 아주 비쌉니다. 집도 차도 다 팔아야 약을 살 수 있는데, 그렇게까지 할 생각은 없으시겠죠?” 그러자 환자가 의사에게 이렇게 대답한다. “이런 마당에 차가 있으면 무슨 소용이고, 집이 또 무슨 소용입니까? 그 약이 꼭 필요합니다. 제게는 목숨과도 같으니깐요. 이전에는 다른 것들이 중요했을지 몰라도 지금 이 약에 비하면 아무것도 아닙니다. 이제는 소모품들에 불과해요. 약을 꼭 구해 주십시오.”

사도 바울은 “믿는 너희에게는 [예수님이] 보배”(벧전 2:7)라고 말한다. 하나님의 은혜 때문에, 그리스도가 우리에게 귀한 존재이시기 때문에, 이제 우리 재산이나 시간쯤은 얼마든지 소모해도 괜찮다. 과거에는 그런 것들이 행복에 꼭 필요했지만, 더 이상은 아니다.

위의 발췌 글을 읽었으면, 다음의 질문에 답하라.

1. 자비에 대한 성경적 동기부여는 무엇인가?

2. 당신이 더 자비로워지는 것을 막는 것은 무엇인가?

— 성경과 우리의 이웃

태초에 성경은 우리가 가난한 이들, 소외된 이들, 외면당한 이들에 대한 자비에 참여해야 함을 보여 준다. 성경 전체에서 이 주제에 대한 개괄을 다음에서 살펴보라.

창조와 타락

아담과 하와는 모든 생물을 다스리라는 명령을 받았다(창 1:28). 그러나 창세기 3장에서 죄가 하나님과의 영적 소외를 일으켰고, 감정적 소외가 내면에서 생겨나 사회적 소외가 서로에게 일어났다. 자연스럽게 물리적 소외가 자연에 나타났음을 우리는 본다.

타락의 결과로, 인류는 하나님과 단절되어 하나님을 아는 지식에 거부감을 가지며 죄책감이 생겨났다. 남자와 여자는 자신들로부터 단절되어, 정체성을 상실하고 의미를 상실하며 불안과 공허를 겪게 되었다. 사람들은 다른 사람들로부터 단절되어, 전쟁과 범죄, 가족 붕괴, 억압과 불의를 겪게 되었다.

마지막으로, 인류는 자연으로부터 단절되어, 굶주림, 질병, 노화, 그리고 신체의 죽음을 경험하게 되었다. 하나님은 구원이 이 모든 죄의 영향들을 치유하는 것임을 나타내셨다.

족장 시대

아브라함의 씨앗은 (요셉을 통하여) 빈곤을 통하여(창 41:53-57) 나라들에게 축복이 된다. 이 시기에 살았던 욥은 하나님의 심판이 가난한 사람들을 잊은 이들에 임한다는 것을 알고 있다. "내가 언제 가난한 자의 소원을 막았거나 과부의 눈으로 하여금 실망하게 하였던가. 나만 혼자 내 떡덩이를 먹고 고아에게 그 조각을 먹이지 아니하였던가. 만일 내가 사람이 의복이 없이 죽어가는 것이나 가난한 자가 덮을 것이 없는 것을 못본 체 했다면, 만일 나의 양털로 그의 몸을 따뜻하게 입혀서 그의 허리가 나를 위하여 복을 빌게 하지 아니하였다면, 만일 나를 도와주는 자가 성문에 있음을 보고 내가 주먹을 들어 고아를 향해 휘둘렀다면, 내 팔이 어깨뼈에서 떨어지고 내 팔 뼈가 그 자리에서 부스러지기를 바라노라. 나는 하나님의 재앙을 심히 두려워하고 그의 위엄으로 말미암아 그런 일을 할 수 없느니라"(욥 31:16-23).

하나님은 이스라엘에게 사회적 책임에 관한 많은 율법을 주셨다. 친척과 이웃들은 가난한 사람에게 결핍이 사라질 때까지 도와야 할 책임이 있었다(신 15:7-10). 십일조는 가난한 사람들을 위하여 사용되었다(신 14:28-29). 또한 가난한 사람들에게는 음식을 공급하고(신 15:12-15) 땅을 회복시키도록 했다(신 25장). 그리하여 그들이 자급자족할 수 있게 도왔다.

후기 이스라엘

선지자들은 이스라엘이 가난한 자들에게 무관심한 것을 언약 불순종이라며 비난했다. 그들은 물질주의와 가난한 자를 무시하는 것이 죄라고 가르쳤다(암 2:6-7). 반면, 가난한 사람들에게 자비를 베푸는 것은 하나님과의 참된 교제의 증거라고 가르쳤다(사 1:10-17).

그리스도의 사역

예수님이 스스로 그리스도임을 세례 요한에게 나타내실 때에 자신이 아픈 사람을 치유하고 가난한 사람에 복음을 전할 것임을 말씀하신다(마 11:1-6). 이는 선지자들이 예언한 바와 같았다(사 61:1-2). 예수님은 누구든지 하나님의 은혜를 체험한 사람은 가난한 자를 도울 것이라고 가르치셨다 (마 5:43-6:4). 예수님은 성육신을 통해서, 사회의 가장 낮은 계층과 함께하셨다. 그는 이것을 '긍휼'이라고 부르셨다(마 9:13).

초대교회

선지자들을 따라서, 사도들은 진정한 신앙은 필수적으로 자비의 행동으로 나타난다고 가르쳤다(약 2:1-17). "그가 우리를 위하여 목숨을 버리셨으니 우리가 이로써 사랑을 알고 우리도 형제들을 위하여 목숨을 버리는 것이 마땅하니라. 누가 이 세상의 재물을 가지고 형제의 궁핍함을 보고도 도와 줄 마음을 닫으면 하나님의 사랑이 어찌 그 속에 거하겠느냐"(요일 3:16-17).

교회 안에는 부가 아주 너그럽게 부자와 가난한 자 사이에 공유되어야 한다(고후 8:13-15). 물질주의는 여전히 중대한 죄이다(약 5:1-6).

이사야 58장 3-10절을 읽고 다음 질문에 답하라.

3. 본문 말씀에서 사람들의 행동에 잘못은 무엇인가(3-6절)?

4. 본문의 맥락에서, "흉악의(부당한) 결박을 풀어 주는" 것의 의미는 무엇인가?

5. 정의를 행하는 결과는 무엇인가(8-10절)?

야고보서 2장 1-17절을 읽고 다음에 답하라.

6. 야고보가 1-7절에서 묘사한 상황이 당신의 삶이나 교회에서 일어난다고 생각하는가? 만일 그렇다면, 어떤 모습으로 나타나고 있는가?

7. 야고보는 말하기를, "누구든지 온 율법을 지키다가 그 하나를 범하면 모두 범한 자가 되나니"(10절)라고 한다. 이것은 무슨 의미인가? 야고보가 이 말씀을 듣는 이에게 가진 의도는 무엇이겠는가? 그의 의도는 사람들이 이 말들을 읽고 어떻게 삶을 바꾸는 것이었는가?

8. 12-13절과 14-17절은 어떻게 연결되는가?

9. 이 본문은 가난한 이들에 대한 하나님의 관심에 대해서 무엇을 가르쳐
   주는가? 우리는 어떻게 살아야 하는가?

— 자원 봉사 프로젝트

'정의를 행하고 인자를 사랑하는' 많은 길들이 있다. 지난 번 모임에서, 당신의 그룹은 어떤 형태의 자비 사역을 자원 봉사하기로 결정했을 것이다. 이 기회를 활용하면서, 당신은 미래에 참여하게 될 다른 영역들에 대해서도 염두에 두는 것이 좋다.

구호(Relief)

구호는 직접적인 도움을 신체적/물질적/사회적 필요가 있는 사람에게 공급하는 것이다. 길에서 강도 만나서 맞아 죽게 된 사람에게 선한 사마리아인은 신체 보호, 응급 의료처치, 그리고 긴급 주거지원을 했다(눅 10:29-37). 구호에는 임시 보호소, 음식 창고, 노숙자 의복지원, 의료 지원, 위기 상담 등이 포함된다.

개발(Development)

개발은 개인이나 공동체가 자립하도록 돕기 위하여 필요한 것을 공급하는 것이다. 구약성경에서 종의 빚이 없어지고 풀려날 때, 하나님은 그의 전 주인을 통하여 경제적 자립을 통해 새로운 생활을 할 수 있도록 곡식, 양, 자원 등을 풍성하게 지원하게 하셨다(신 15:12-14). 예를 들면 개발에 포함되는 것은 교육 지원, 직업 창조, 훈련, 주택 개발, 주택 구입 지원 등을 사회에서 하는 것들이 해당된다.

개혁(Reform)

개혁은 사회적 조건들과 구조들을 변화시키는 일이다. 가난과 의존성을 심화시키는 요인들을 달라지게 한다. 욥은 헐벗은 자들을 옷 입혔을 뿐만 아니라 "불의한 자의 턱뼈를 부수고 노획한 물건을 그 잇새에서 빼내었느니라"고 말한다(욥 29:17).

선지자들은 불공평한 임금을 책망했고(렘 22:13), 부패한 사업 관행을 정죄했고(암 8:6), 부자와 유력자를 편애하는 법률시스템을 비난했다(신 24:17; 레 19:15). 그리고 가난한 자의 소득을 착취하는 금융 시스템을 비난했다(출 22:25-27). 예를 들자면 개혁에 포함되는 것에는 보다 나은 치안, 보다 공평한 은행 관행, 더 나은 법률을 위해 지역사회에서 일하는 것 등이 해당된다.

이러한 이슈들에 대해 더 생각해 보기 위해 다음의 질문들에 답해 보라.

10. 누가 당신의 이웃인가? 당신 주변에 결핍을 겪고 있는 사람들이나 그룹들의 목록을 만들어 보라.

11. 당신은 이 사람들이나 집단들을 전형적으로 어떻게 보고 있는가? 어떤 감정들이 마음에 떠오르는가?

12. 당신의 관점은 하나님의 관점과 어떻게 다른가?

13. 당신은 그들에게 어떻게 이웃이 될 수 있겠는가? 구체적인 방법을 생각해 보라.

가난한 이들과 소외된 이들에게 자비를 나타내는 영역에서 당신의 믿음을 실천할 방법들을 찾아보라. 당신이 자원봉사를 할 시간과 마음을 가지도록 기도하라. 당신의 그룹의 다른 사람들과 이야기하고 그들을 격려해서 자원봉사 기회에 참여할 수 있도록 하라.

일단 자원봉사를 한 후에, 그 경험을 당신의 그룹과 간략히 나누도록 하라. 다음의 질문들이 그 과정에서 도움이 될 것이다.

14. 자원봉사 기회에 참여하면서 기대하는 바는 무엇인가?

15. 당신의 기대와 그들의 기대는 어떻게 달랐다고 생각하는가?

16. 당신에 대해서, 당신이 섬긴 사람들에 대해서, 그리고 '정의를 행하며 인자를 사랑하는' 것이 어떤 의미인지에 대해서(미 6:8) 무엇을 배웠는가?

17. 가난한 자와 소외된 자를 돌보는 것이 당신의 삶에서 필수적인 부분이 되게끔 하는 것은 어떤 의미로 다가오는가?

18. 가난하고 소외된 이들을 위한 정의와 자비의 사역에 당신이 참여하기 위해 당신이 성취할 수 있는 한 가지 목표로 무엇을 삼겠는가?

7과 그룹 스터디

— 지난 과 요약

기도로 시작하라. 하나님께서 모임 가운데 일하시기를 기도하라. 아래의
문단을 소리 내어 읽고 지난 과의 요점을 요약하라.

지난 과에서 우리는 그리스도인의 삶은 모든 것을 복음의 진리에 일
치시키는 지속적인 과정이라는 것을 살펴 보았다. 이것이 의미하는 바는
우리 직업의 모든 일들과 재능들과 기술들이 하나님 나라의 사명에 비추
어 다시 연결되어야 한다는 것이다.

우리는 복음이 동기, 윤리, 그리고 일의 개념을 달라지게 한다는 것을
보았다. 그리고 우리는 복음을 가지고 일하러 가야 한다.

이 과의 주제는 복음과 이웃이다.

• 3-5분 정도 홈스터디에 대해 토론하라. 당신에게 도움이 되었거

나, 새로웠거나, 가슴이 뛰었거나, 또는 혼란스러운 것이 있었으면 무엇이든지 언급하라.

— 성경 본문 연구
누가복음 10장 25-37절을 소리 내어 읽고, 아래 질문들에 차례로 답하라.

1. 예수님의 가르침에 비추어 볼 때, 누가 우리의 이웃인가?

2. 가족 구성원과 그리스도인 공동체의 사람들을 먼저 도와야 하는 것은 아닌가?

3. 예수님은 우리의 이웃에게 자비를 나타내는 것에 있어서 참된 동기는 무엇이어야 한다고 예시하셨는가?

4. 다음의 인용구는 로드니 스타크가 쓴 것이다. 그는 역사학자이며 사회학자이며 기독교가 로마 제국에 확산된 이유를 연구했다. 그리스-로마 세계는 거대한 역병이나 전염병으로 여러 번 큰 타격을 받았다. 스타크가 추적한 결과 역병에 대한 그리스도인들의 반응을 통해 전통적이고 다신교적인 이교도들의 신앙을 고수하던 사람들에게 극적인 변화가 일어났다.

> 불경건한 갈릴리파 사람들은 [그리스도인들] 단지 그들의 가난한 자들만 도울 뿐 아니라, 또한 우리의 가난한 자들을 돕는다. 우리 사람들을 우리가 충분히 돕지 못하고 있다는 것을 모든 사람들이 안다.
> -로마 황제 줄리앙(AD360년 경)[46]

[거대한 전염병 기간에] 대부분의 그리스도인들은 한량없는 사랑과 충성을 보였다. 결코 자신들을 아끼지 않았다. 위험을 감수하고, 병자들을 돌보았다. 그리스도 안에서 병든 모든 필요를 보살피고 원조했다. 많은 사람들이 다른 사람들을 돌보며 보살피다가, 질병을 얻었고 그들 대신 죽었다. [이방인들은] 전혀 반대로 움직였다. 처음에 질병이 발생했을 때, 그들은 고통받는 자들은 멀리 보냈다. 심지어 그들의 가장 사랑하는 사람들로부터 도망쳤다. 그들이 죽기도 전에 거리에 내다버렸다.

-디오니시우스, 알렉산드리아의 주교(AD260년 경)[47]

이 글들에서 볼 때, 섬김이 타인에게 어떠한 영향을 끼쳤는가? 당신은 이와 비슷한 경험을 한 적이 있는가? 예를 들어 이야기해 보자.

— 팀 켈러의 핵심 메시지

팀 켈러의 메시지를 통해 타인을 위한 정의를 구현해야 할 의미를 생각해보라.

'샬롬'은 보통 '평화' 혹은 '평화와 번영'으로 번역된다. 그러나 원어적 의미는 그렇게 단순하지 않다. 샬롬은 많은 의미를 내포하고 있다. 모든 영역 - 신체적, 관계적, 사회적, 영적 - 의 총체적형통을 의미한다. 즉, 원래의 상태, 원래 되어야 할 상태를 의미한다.

인간의 신체는 모든 장기들이 함께 기능해야만 한다. 그리스도인 관계 역시 마찬가지다. 서로 긴밀한 관계가 있기 때문에 우리는 샬롬과 정의를 구현할 의무와 책임을 가졌다. 이것은 그리스도인 사이에서만 성립되는 것이 아니다. 당신이 그리스도의 전적인 은혜로 하나님을 알고 내면의 샬롬을 경험하게 됐다면 그것을 모든 사람이 느낄 수 있도록 돕겠다고 결단해야 한다. 사회 문제를 지금 다루어져야 한다. 그렇지 않으면 영원히 다룰 수 없다. 사람과 사람 사이, 하나님과 사람 사이를 엮는 다리가 되라. 창조 세계의 찢어진 날실과 씨실을 다시 짜기 시작하라.

— 그룹 토론

5. 팀 켈러의 메시지가 당신에게 새롭게 다가오거나 특별한 감동을 주었는가?

6. "샬롬이 의미하는 것은 절대적으로 모든 영역에서 - 신체적으로, 관계적으로, 사회적으로, 영적으로 - 나타나는 전적인 번영이다."

어떤 실제적인 방법으로 당신과 당신의 그룹이 샬롬이 어디든지 느껴지도록 결단할 수 있겠는가? 그리고 깨어진 창조의 질서 회복을 시작할 수 있겠는가?" 당신의 그룹(또는 교회)이 당신이 속한 지역에 어떤 고유한 도움을 제공할 수 있을까?

7. 스리랑카의 벤자민 페르난도(Benjamin Fernando)는 다음과 같이 썼다.

개인 복음과 사회 복음이 분리되어 별개로 존재하는 것이 아니다. 오직 한 가지 복음이 있을 뿐이다 - 구원된 사회 안에 구원된 개인이다. 기독교에서 사회 문제들은 불교나 힌두교보다 훨씬 중요하게 여겨진다. 카르마와 환생의 이론은 이생의 사회적 불평등에 대해 제법 타당한 설명을 제공한다. 그것은 한편으로 전생의 결과이지만 다른 한편으로 다음 생에서 보상될 수 있다는 것이다. 그러나 그리스도인에게는 오직 이 땅에서의 삶이 한 번 존재한다. 그러

므로 사회 문제는 지금 다루어야 한다. 그렇지 않으면 영원히 다룰 수 없다.[48]

"사회 문제는 지금 다루어져야 한다. 그렇지 않으면 영원히 다룰 수 없다"라는 그의 평가에 동의하는가? 동의하는 이유와 동의하지 않는 이유는 무엇인가?

8. 성경은 가난의 이유에 대해서 최소한 세 가지 요소(불의와 억압, 환경적 재앙, 개인적 실패)를 설명한다. 당신은 이에 동의하는가? 성경에서 또는 당신의 경험에서 그런 예들을 찾을 수 있는가?

9. 우리에게 자연스러운 성향은 당신과 비슷한 사람, 당신을 좋아하는 사람, 당신이 좋아하는 사람을 돕고 싶어하는 것이다. 특히, 당신과 비슷하지 않은 사람, 당신을 좋아하지 않는 사람, 당신이 좋아하지 않는 사람을 돕는 것은 당신에게 어떤 의미로 다가오는가?

10. 조나단 에드워즈가 가난한 자에게 구제하는 것의 중요성에 대해 설교한 적이 있었다. 설교를 들은 누군가가 나중에 반대 의견을 냈다. "가난한 사람을 도울 만큼 여유가 없습니다." 이에 에드워즈는 갈라디아서 6장 2절 말씀을 적용해서 답변했다.

많은 경우 우리는 복음의 규칙에 의해서, 다른 사람들에게 베풀어야 하는데 손해 보지 않고 할 수 있는 경우는 거의 없다. 만일 우리이웃의 어려움과 필요들이 우리의 문제나 필요보다 훨씬 크거나혹은 다른 방법으로는 그의 짐이 가벼워질 것 같지 않다는 것을 알게 될 때, 우리는 그와 함께 기꺼이 손해를 감수하려고 해야 한다.그의 짐을 우리가 함께 나누어지도록 해야 한다. 그렇지 않다면 어떻게 서로 짐을 지라는 규칙이 성취될 수 있겠는가? 우리가 다른사람들의 짐을 가볍게 할 의무가 결코 없고, 단지 우리가 짐을 나

누어 지지 않고도 할 수 있는 일이라면, 우리가 아무 짐도 지지 않
으면서, 과연 어떻게 이웃의 짐을 질 수 있겠는가? [49]

우리가 시간적 여유, 재정, 감정 자원을 갖고 사람들을 도와야 할 뿐만
아니라, 그것이 우리에게 짐이 될 때에도 베풀 수 있어야 한다는 말에
동의하는가? 이것은 당신과 당신의 그룹에 이것은 어떤 의미인가?

― 함께 기도하기

"정의는 진정한 믿음의 지표이다. 하나님과의 진정한 관계의 지표이다.
마음의 진정한 영적 건강의 표지이다." 당신의 이웃이라고 예수님이 말
씀하실 만한 모든 사람에 대한 두려움, 약함, 무관심을 회개하라. 가난한
사람들을 위해서 기도하라. 당신과 공동체가 가난하고 소외된 사람들을
잘 돕도록 기도하라. 심지어 그것이 위험하고 비싼 값을 치루더라도 행하
도록 기도하라.

― 홈 스터디 과제 소개

이 과정의 마지막 과는 지상의 도시와 하늘의 도시에 초점을 맞춘다. 다
시 말해서 집과 하나님 나라의 집이다.

Part 5

복음은 우리의

영원을

바꾼다

Chapter 8

영원

앞으로 다가올 세상

홈 스터디(Home study)

그룹 스터디(Group study)

8과 홈 스터디

"만군의 여호와 이스라엘의 하나님께서 예루살렘에서 바벨론으로 사로잡혀 가게 한 모든 포로에게 이와 같이 말씀하시니라. 너희는 집을 짓고 거기에 살며 텃밭을 만들고 그 열매를 먹으라. 아내를 맞이하여 자녀를 낳으며 너희 아들이 아내를 맞이하며 너희 딸이 남편을 맞아 그들로 자녀를 낳게 하여 너희가 거기에서 번성하고 줄어들지 아니하게 하라. 너희는 내가 사로잡혀 가게 한 그 성읍의 평안을 구하고 그를 위하여 여호와께 기도하라. 이는 그 성읍이 평안함으로 너희도 평안할 것임이라"(렘 29:4-7).

위 말씀은 하나님이 이방 도시와 문화 가운데서 살아가는 이스라엘 백성들이 어떻게 살아가기 원하시는지를 설명한다. 이 과제를 사용하여 세상의 도시와 천상의 도시를 묵상하도록 하라. 있는 그대로의 세상과 앞으로 되어야 할 세상에 대해서 묵상하라.

― 지금 그대로의 세상에서 살아가기

성경에 기록된 이스라엘의 역사를 보면 이스라엘 백성은 다원주의, 이교도 문화 속에서 아주 다른 세계관들을 가진 민족들과 어우러져 산 시기들이 있었다. 예를 들어, 그들이 가나안에 도착했을 때 우상숭배를 하는 민족들을 몰아내지 못했다. 대신 그들은 그 사이에 정착했다.

또한, 느부갓네살이 예루살렘을 함락시켰을 때, 그는 대부분의 이스라엘 사람들을 바벨론의 도시와 인근 지역으로 이주시켰다. 두 상황 모두, 신자들은 신앙의 문화 속에서 살지 않았다. 정부, 예술, 문화 제도들이 하나님과 말씀과 그 뜻에 헌신된 문화에서 살지 않았다.

그리스도인들이 신앙 없는 지배 문화를 어떻게 관련하며 살아가는지 여러 가지 방식들이 있다. 다음을 읽고 그 방식들을 살펴보도록 하라(아래에서 '태도들'은 완벽하게 구별되는 범주들이 아님에 유의하라.

태도 1 - 도시에 융화되기

단순히 세상 문화의 가치관과 세계관에 순복하고 동화된다. 융화되는 것이 목표이며 그 결과는 정체성을 상실하는 것이다. 사사기는 이런 예를 많이 보여 준다. 삼손이 살던 시기에(삿 14-16장), 이스라엘 백성은 팔레스타인 문화에 동화되어 신앙적 정체성을 한 세대만에 잃어버렸다.

태도 2 - 도시를 닮아가기

기독교 신앙과 관습들을 어느 정도 지키지만, 보다 근본적인 가치와 세계관은 지배 문화로부터 받아들인다. 믿음은 주일예배를 위한 것이며 그들이 실제로 살아가는 삶을 형성하지는 않는다. 그들의 삶의 방식은 근본적으로 주변의 방식과 다르지 않다. 그래서 그들은 지배 문화 안에서 단지 하위 문화일 뿐이다. 사사기 17-18장에서 제사장 미가와 그의 어머니의 이야기가 바로 이런 예이다.

태도 3 - 도시를 멸시하기

주류 문화에 대해서 우월감과 적대감을 갖고 대응한다. 그들은 비신앙적인 학교들과 연예계와 예술들로 말미암아 오염되고 있다고 느낀다. 어떤 이들은 세상과의 모든 상호작용을 거부하는 수동적인 접근법을 취한다. 단지, 도덕적 부패를 맹렬히 비난하고 탄식한다.

반면 다른 이들은 문화적 권력을 획득하려고 시도한다. 시편 137편은 우리에게 이러한 새로운 무력한 상황에 대해 회개하기보다는 분노하는 사람들의 그림을 그려준다. 그들은 그들이 주권을 행사하는 땅 바깥에서 어떻게 하나님을 예배할 수 있는지 상상하지 못한다.

태도 4 - 도시를 무시하기

비관주의보다는 낙관주의로 반응한다. 그리스도인들은 기적적이며 광범위한 하나님의 개입을 기대한다. 그것을 통해 많은 사람들이 회심하고 문화가 폭발적으로 변화될 것을 기대한다. 결과적으로, 분쟁과 문제들을 해결하기 위해 사회와 사람들에게 깊이 참여하지 않는다. 대신에, 교회를 커지게 하고 교인의 숫자를 늘리는 데 완전히 집중한다. 그리스도인들은 사역자가 되는 결단을 요청받지만, 작가, 예술가, 변호사, 사업가 등이 되라는 요청은 받지 않는다. 그리스도인들은 단지 세상을 '지나갈' 뿐이며, 참여하지 않는다. 예레미야 28장에서 선지자 하나냐는 이런 방식의 전형적인 접근법을 보여 준다.

태도 5 - 도시를 사랑하기

지배 문화와 맞물린다. 그러나 하나님 나라의 가치들의 탁월성을 나타내는 방식으로 세상 문화와 관계를 맺는다. 그리스도인들은 돈, 관계, 인간사, 성 등을 이해하는 관점의 핵심에 있어서 다르다. 그리스도인들은 진정으로 도시의 거주민이지만, 지배 문화 위에 군림하려고 하지 않으며 인정을 갈구하지도 않는다. 오히려 그들은 세상에 대안적인 삶의 방식과 인류 공동체를 보여 준다. 예를 들어, 그리스도인들은 주변에 자비와 정의의 사역이 필요한 사람들을 섬기는 데 적극적으로 참여한다. 예레미야 29장에서 유배민에게 보낸 편지가 이러한 좋은 예에 해당한다.

노트

오늘날, 도시에 대한 전형적인 정의는 인구 규모에 따른 것이다. 인구가 많은 중심지는 도시(cities), 작은 곳은 읍(towns), 그리고 제일 작은 곳들은 마을(villages)이라고 부른다. 그런데 히브리어 성경에서 도시에 사용된 단어는 '이르'(iyr)인데, 요새나 성벽으로 둘러싸인 인간 거주지를 의미한다. 대부분의 도시들은 단지 약 1천-3천 명의 규모였다.

다음의 질문에 답하라.

1. 당신이 아는 사람들은 대개 어떤 태도를 갖고 있는가? 왜 그렇게 생각하는가?

2. 태도 5를 생각해 보라. 당신과 그룹은 돈, 관계, 인간사, 성 등에 있어서 지배 문화와 다른가?

3. 하비 콘(Harvie Conn)은 이렇게 썼다.

아마도 이 모든 것을 설명하는 가장 좋은 비유는 모델 하우스일 것이다. 그리스도의 보혈로 값을 주고 산 지상의 어느 지역에, 예수님은 왕국 개발자로서 새로운 집을 짓기 시작했다. 어떤 집들이 지어질지 보여 주는 예시로서, 모델 하우스를 세우셔서 앞으로 도시 이웃들을 가득 채울 집들을 보여 주셨다. 세상 사람들이 초대되어 모델 하우스를 살펴볼 것이다. 교회는 모델 하우스의 입주자이며, 이웃들을 초청하여 그리스도께 가도록 문을 열어 준다. 전도는 표지판에 다음과 같은 글이 세워질 때이다. "와서 둘러 보세요." 이모델 하우스에서 우리는 하늘 도시 시민으로서 새로운 삶의 방식을 살아간다. 이 도시는 언젠가 지상에 임한다. 우리는 직업을 버리지 않으며 도시를 포기하지도 않는다. 우리는 하나님께서 유배하게 이끄신 "그 도시의 평안과 번영을 추구해야 한다"(렘 29:7).[50]

당신의 교회 공동체는 위의 글에서 묘사된 모델 하우스인가? 당신의 교회가 더욱 모델 하우스처럼 되기 위해 당신과 공동체가 할 수 있는 일은 무엇인가?

— 성경과 도시

성경은 많은 도시들을 폭력, 압제, 그리고 불신앙의 장소로서 비판한다. 특히 선지자들은 이스라엘의 도시 생활을 책망했다(예, 미가 3장 9-11절: "이스라엘 족속의 통치자들 곧 정의를 미워하고 정직한 것을 굽게 하는 자들아 원하노니 이 말을 들을지어다. 시온을 피로, 예루살렘을 죄악으로 건축하는도다. 그들의 우두머리들은 뇌물을 위하여 재판하며 그들의 제사장은 삯을 위하여 교훈하며").

그런데 성경은 도시를 좋은 것으로 간주한다. 하나님이 만드신 것으로 보기 때문이다. 그렇기 때문에 더욱 책망하는 것이다. 성경은 결코 "도시에서 무엇을 기대하겠습니까?"와 같은 태도를 취하지 않는다. 오히려 "도시는 이런 모습이어서는 안 됩니다"라는 태도이다. 도시들은 죄로 말미암아 무너지고 망가져 있다. 이는 가족과 교회가 손상된 것과 마찬가지이다. 그러나 우리는 가정생활을 포기하지 않는다 - 우리는 하나님의 은혜로 가정을 새롭게 하고 회복하기를 추구한다. 도시에 대해서도 동일한 원리가 적용된다.

아래는 성경에 나타난 '도시'의 중요성을 일람한 것이다. 읽어보고 도시에 대한 당신의 관점을 생각해 보라.

창조와 타락

하나님은 아담과 하와에게 땅을 "다스리라"고(창 1:28) 명령하셨다. 그리하여 하나님의 부요함을 자연과 인간 세계에 나타내게 하셨다. 이것은 예술, 과학, 사업, 가정생활 등에 참여하라는 소명이다. 하나님은 아담과 하와가 도시를 건설하기를 원하신다. 그러나 아담과 하와는 불순종했고 주님의 주권 아래 피조세계를 경작하는 사명에 실패했다.

가나안 정복

하나님이 이스라엘 백성을 가나안에 정착시켰을 때, 명하여 도피성 (cities of refuge, 도피 도시)을 건설하게 하셨다. "너희를 위하여 성읍을 도피성 으로 정하여 부지중에 살인한 자가 그리로 피하게 하라. 이는 너희가 복 수할 자에게서 도피하는 성을 삼아 살인자가 회중 앞에 서서 판결을 받기 까지 죽지 않게 하기 위함이니라"(민 35:11-12).

하나님은 도시들의 건설을 명하셨다. 왜냐하면 시골에 없는 성벽과 밀집 주거를 통해서 도피성은 피고인을 보호하고 재판 받을 기회를 줄 수 있었기 때문이다.

다윗 왕국

다윗은 하나님으로부터 직접 예루살렘 도시 가운데 그의 집을 지으 라는 지시를 받았다. 이 도시는 하나님의 미래 도시에 대한 표지이며 상 징이 되었다. 이스라엘이 예루살렘을 수도로 삼을 때, 하나님께서는 성전 을 시온 산 위에 짓도록 명하셨다. 그리하여 성전은 도시 위에 마천루로 우뚝 서게 하셨다. 그렇지만 건축자들의 영광을 위한 마천루와는 다르다 (바벨의 탑 꼭대기는 "우리 이름을 내기" 위한 것이었다. 창 11:4). 하나님의 도시는 다 르다: "우리 하나님의 성(city), 거룩한 산에서 극진히 찬양받으시리로다. 터가 높고 아름다워 온 세계가 즐거워함이여"(시 48:1-2).

216

유배

하나님은 유대인 망명객들에게 바벨론 도시의 "평안을 구하고 그를 위하여 여호와께 기도하라"고 하셨다. 그들은 그 도시의 평안을 구하며 기도했다.

지혜 문학

잠언 11장 10-11절은 하나님의 백성이 이방 도시에서 접한 현실을 반영한다.

> 의인이 형통하면 성읍이(the city) 즐거워하고
> 악인이 패망하면 기뻐 외치느니라.
> 성읍은(a city) 정직한 자의 축복으로 인하여 진흥하고
> 악한 자의 입으로 말미암아 무너지느니라.

잠언 11장 10절은 도시에서 살아가는 별개의 그룹에 대해서 '의인들'이라고 말하고 있다. 저자가 예루살렘이나 다른 이스라엘 도시를 생각하고 있는 것 같지는 않다. 도시에 있는 하나님의 백성들은 도시를 축복하기 위한 일환으로서 '형통'해야 한다고 말한다.

예수님의 가르침과 사역

예루살렘을 건축하는 부르심과 이방인들이 바벨론의 평안을 구하는 부르심은 모두 예수님이 제자들에게 '산 위의 도시'(마 5:14)가 되라고 부르

신 중요한 배경이 된다. 예수님은 제자들을 도시의 대안으로 삼으셨다. 도시의 대안 도시를 형성하여 모든 사람들에게(산 위에서) 보이게 하는 것이다. 예수님은 큰 도시인 예루살렘에 올라가셔서 죄를 위한 제사를 드리셨다. 히브리서는 우리에게 이렇게 말한다. "이는 죄를 위한 짐승의 피는 대제사장이 가지고 성소에 들어가고 그 육체는 영문 밖에서(outside the camp) 불사름이라. 그러므로 예수도 자기 피로써 백성을 거룩하게 하려고 성문 밖에서(outside the city, 도시 밖에서) 고난을 받으셨느니라"(히 13:11-12).

바울의 사역

사도행전 17장에서 바울은 당대 그리스-로마 세계의 지적 중심지인 아테네로 간다. 이어 사도행전 18장에서는 제국의 상업 중심지인 고린도로 간다. 그리고 사도행전 19장에서는 로마 세계의 종교 중심지로 여겨지던 에베소로 간다. 바울은 사도행전의 끝에서 당대의 군사적, 정치적 중심지인 로마로 간다. 사도행전에서, 존 스토트는 이렇게 결론을 짓는다. "바울의 의도적인 방침은 하나의 전략적 도시 중심에서 다른 도시로 목적의식을 가지고 갖던 것 같다."[51]

서신서들

야고보와 베드로는 서신서에서 그리스도인들을 세상 가운데 '흩어진 자들'(약 1:1; 벧전 1:1)이라고 부른다. 베드로전서가 그리스도인들과 세상 도시와의 관계를 나타내는 사용하는 핵심 비유는 '나그네'(paroikos; parepidemos)이다 - 이는 거주하는 국가와 적대적이지도 않으며 동화되지도 않는 장기

218

거주민을 뜻한다. 그들이 사랑하는 새로운 나라의 영구 거주민이다. 다른 한편으로, 그들은 삶의 방식이 매우 다르다. 그들은 말 그대로 외국인이다.

종말

요한계시록 21-22장에서 우리는 역사의 절정을 미리 보게 된다. 세계는 마침내 예수님이 죽으신 그 목적에 도달한다. 앞으로 이어질 세계 속에서 지구는 도시가 된다. 마지막 도시는 그 어떤 흠이나 약함이나 죄의 결점도 없이 도시 생활의 최상급의 위대함으로 가득하다. 우리의 최종 목적지는 에덴동산으로 돌아가는 것이 아니라, '거룩한 성, 새 예루살렘'으로 들어가는 것이다(계 21:2). 역사를 동산에서 시작하신 하나님이 이를 도시에서 마치신다.

— 다가올 세상에 관한 칼빈, 루터, 그리고 에드워즈의 관점
다음의 발췌 글들을 읽으라. 칼빈은 《기독교 강요》에서 이렇게 썼다.

> 그리스도는 의의 태양이며(말 4:2), 복음을 통해 빛나신다. 바울이 증언하듯, 죽음을 이기시고, 생명의 빛으로 너희를 인도하신다(딤후 1:10). 그러므로 우리는 '사망에서 생명으로 옮긴' 것을 믿는다(요 5:24). 그리고 "이제부터 너희는 외인도 아니요 나그네도 아니요 오직 성도들과 동일한 시민이요 하나님의 권속이라"를 믿음으로써(엡 2:19), 유일한 독생자

와 "안에서 함께 하늘에 앉히신"(엡 2:6) 바 되고, 완전한 행복에 아무것도 모자람이 없게 되었다. 바울은 다른 구절에서 말했다. "우리가 죽었고 우리 생명이 그리스도와 함께 하나님 안에 감추어졌음이라. 우리 생명이신 그리스도께서 나타나실 그때에 우리도 그와 함께 영광 중에 나타나리라"(골 3:3-4).[52]

부활의 목적은 우리의 영원한 행복이다. 일만 입이 말한다 할지라도 그것의 가장 작은 부분조차 이야기할 수 없을 것이다. 우리가 하나님의 나라가 훌륭함, 기쁨, 행복, 영광으로 가득 차 있다고 들을지라도, 이런 것들이 우리의 감각과는 너무나 멀리 떨어져 있는 것이다. 말하자면, 알려져 있지 않은 상태에 감추어져 있다. 주님이 당신의 영광을 우리에게 나타내실 때에야 우리는 비로소 얼굴과 얼굴로 대하듯 볼 수 있을 것이다(참고, 고전 13:12).[53]

마르틴 루터는 《탁상 담화》에서 이렇게 썼다.

"하나님이 새 하늘과 새 땅을 창조하시고, 그의 의로 통치하신다." 메마른 황무지가 더 이상 없을 것이며, 아름다운 새 땅이 있을 것이다. 모든 의로운 자들이 함께 살 것이다. 육식 동물이 더 이상 없으며, 우리들처럼 맹독을 내는 동물이 죄의 저주로부터 구원될 것이다. … 나뭇잎들과 잔디의 푸른빛은 에메랄드처럼 빛나게 될 것이다. 우리 자신은 음식과 물질에 대한 탐욕에 종노릇하는 세속성으로부터 구출될 것이다. 여기에서와 동일한 형태를 유지하지만 무한한 완벽함 이상이 될 것이다. 우리의 눈은 가장 순수한 은처럼 빛날 것이고, 우리는 모든 질병과 환난에서 벗어날 것이다. 우리는 영광스러운 창조자를 얼굴과 얼굴로 마주할 것이다.[54]

조나단 에드워즈는 "천국, 사랑의 세계"라는 설교에서 이렇게 말했다.

지구상에서 가장 위풍당당한 도시와, 훌륭한 건물이라도 기초는 먼지 속에 있고, 거리들은 더러워지고 오염되어 발아래서 밟히게 됩니다. 그러나 하늘 도시의 거리들은 투명한 유리처럼 순금으로 되어 있고, 그 기초는 보석이며, 그 문은 진주입니다. 사랑에 반하는 많은 원칙들이 있어서, 이 세상을 격렬한 바다처럼 만들고 있습니다. 이기심과 시기심, 복수와 질투, 그리고 비슷한 욕망들은 끊임없는 지상의 삶을 끊임없는 소란으로 만듭니다.

하지만 오! 평화와 사랑의 하나님이 그 자신의 은혜로운 임재로 채워 주시며, 하나님의 어린양이 살아 계셔서 그분의 가장 사랑스럽고 가장 감미로운 빛줄기를 발하시는 그 세상에는 안식이 있습니다. 방해하거나 기분을 상하게 할 만한 것이 없는 곳이며, 완벽한 다정함과 즐거움으로 둘러싸이지 않은 존재나 대상이 전혀 없는 곳입니다. 적과 적대감이 없는 곳이며, 모든 마음과 모든 존재에 완전한 사랑이 있는 곳입니다. 모든 주민들 사이에서 완벽한 조화가 있는 곳이며, 다른 사람을 시기하는 사람은 전혀 없습니다. 모든 사람들은 서로의 행복을 기뻐합니다. 사랑은 항상 상호적이고 충만하게 서로 주고받습니다. 위선이나 가식이 없는 곳이며, 완벽한 진실함과 성실함이 있는 곳입니다. 어떤 형태로든 배신이나 부정이나, 변덕이 없는 곳입니다.

… 다른 의견이나 이해 사이에서 분열이 없으며, 영광스럽고 사랑스러운 사회에서 모두가 가장 가깝고 신성하게 교제하는 곳입니다. 그리고 각각 모든 병이나 슬픔, 박해, 슬픔, 또는 그들을 괴롭히는 적이 없는 곳입니다. 질투나 오해를 만들어 내는 참견꾼이 없습니다. 완벽하고 거룩하고 축복된 평화를 방해하는 사람이 없는 곳입니다.[55]

다음 질문을 통해서 위 인용문들을 생각해 보라.

4. 앞으로 이루어질 미래에 대한 세 관점(칼빈, 루터, 에드워즈)의 차이점과 공통점은 무엇인가?

5. 어떤 구체적인 표현이나 개념이 당신에게 새롭게 다가왔는가? 또는 도움이 되는 것과 이유는 무엇인가?

　　이제 이 과정의 마지막 과이다. 당신이 노트한 것을 검토하고 지난 과들을 복습하는 시간을 가진 후에 다음 페이지에 나오는 복음에 대한 자기평가 설문지를 완성하도록 하라.

복음 자기 평가 설문지

이 설문지의 목적은 당신이 성장한 영역, 성장할 수 있는 영역, 당신에게 공감된 영역, 그리고 그 이유를 생각하도록 돕는다. 우리는 당신이 매년 이 설문지를 답하고, 각 영역들에서 어떻게 발전했는지를 살펴보기를 권한다.

- 기도하라. 자신을 정확하게 평가할 수 있는 지혜를 간구하라.
- 열심히 생각하라. 각 질문들에 대해 시간을 들여 생각한 후 정직하게 답하라.
- 다른 이들에게 상담을 요청하라. 많은 설문들은 당신 스스로 답하기 곤란한 것들이다. 그 질문들에 대한 당신의 답변을 다른 사람들이 검토할 수 있도록 해서 그들의 피드백을 들을 수 있다면 가장 유용할 것이다. 가까운 친구나 당신의 그룹 리더에게 당신의 질문을 살펴보게 하고 그들이 동의하는지, 혹시 덧붙일 것이 어떤 것이 있는지 물어보도록 하라.

― 복음과 마음

1. 당신은 하나님을 아는가? 하나님을 의지하는가? 하나님을 찾는가? 진심으로 하나님을 찬양하는가? 어떤 실제적인 조치들을 통해서 이것이 더욱 현실이 되게 할 수 있겠는가?

2. 그리스도는 당신의 일상 삶에서 어떤 의미인가? 당신의 삶의 어떤 영역에서 그리스도가 중요한 영향을 끼치고 있는가? 어떤 영역에서 그리스도가 더 영향을 끼치셔야 하겠는가?

3. 당신은 하나님 보시기에 의롭다는 것을 확신하는가? 어떤 것들이 이것을 망각하게 하거나 질문하게 하는가? 어떤 것을 그리스도 대신 의지하고 있는가? 어떤 조치들을 통해 변화될 수 있겠는가?

4. 어떤 우상들과 씨름하고 있는가? 교만, 사람에 대한 두려움, 돈에 대한 갈망, 성적 정욕, 성과에 대한 집착 등등을 당신은 어떻게 다루고 있는가?

5. 당신의 한계, 실수, 죄, 약점 등을 하나님께, 다른 사람들, 자신에게 인정하고 있는가?

〈표7〉

하나님께:	결코	거의	가끔	자주	언제나
사람들에게:	결코	거의	가끔	자주	언제나
자신에게:	결코	거의	가끔	자주	언제나

6. 당신은 지난 1년 동안 어떻게 변화하였는가?

- 당신은 지난해보다 더 많이 사랑하는 사람인가?
- 당신은 지난해보다 더 기뻐하는 사람인가? 더 많이 감사하는가?
- 당신은 더 평화로운 사람인가? 당신은 이전보다 덜 염려하는가?
- 당신은 사람과 상황에 대하여 인내하는가?
- 당신은 더 친절한 사람인가?
- 당신은 비판을 더 감내하는가?
- 당신은 더 담대한가? 더 용기 있는가? 그리스도를 더 확신있게 따르는가?

- 당신은 덜 화를 내는가? 더 부드러운 사람인가?
- 당신은 어떤 영역에서 자기를 절제를 할 수 있는가? 어떤 부분에서 더 변화를 느끼는가?

— 복음과 공동체

7. 당신은 공동체원들과 관계를 형성하고 있는가? 교회에 당신이 삶을 나누는 그룹이 있는가? 솔직하게 이야기하고 가족처럼 느끼는 사람들이 있는가?

8. 당신은 그리스도인 공동체에 자신의 이야기를 하는가? 터놓고 이야기할 필요를 느끼는 영역이 있다면 어떤 영역인가?

9. 당신은 자원해서 기쁨으로 섬기는가? 주로 누구를 섬기는가? 이기적 야망에서 섬기는가 아니면 다른 사람들의 이익을 먼저 생각하는가?

10. 당신의 삶과 행동은 훈련되어 있는가? 일관성이 있으며 매력적인가? 사람들이 당신의 믿음과 성실성과 성품을 닮고 싶어 하는가?

11. 복음을 나누는 것이 당신의 삶의 정기적인 부분인가? 다른 사람들에게 그리스도에 대해 적극적으로 말하고 있는가?

12. 지난 1년 동안 당신은 어떻게 변화하였는가?

- 당신은 정기적으로 다른 사람들을 사랑하며 격려하는가? 스트 레스를 겪거나 어려움을 겪을 때에도 그렇게 하는가?
- 꼭 사랑하지 않아도 되는 사람들을 더 잘 사랑할 수 있는가?
- 당신은 다른 사람들에게 보이는 방식으로 사랑과 감정을 정기 적으로 표현하는가?
- 당신은 주변 사람들에게 정기적으로 친절을 베풀고 있는가?
- 당신은 필요와 문제를 가진 사람들을 비이기적으로 더 많이 도 울 수 있는가?
- 사람들을 도전할 때 사랑과 겸손으로 대하는가?
- 당신은 정기적으로 다른 사람들의 믿음이 성장하고 성숙하도 록 돕고 있는가?
- 당신은 지난 해보다 더 많이 용서하는 사람인가?
- 당신은 다른 사람들의 필요를 채우는 일에 더 많이 참여하는 가?

어떤 점에서 당신은 더 잘 할 수 있겠는가?

13. 얼마나 자주 다음의 행동을 하는가?

〈표8〉

개인 기도			
매일/거의 매일	일주일에 2-4번	일주일에 한 번	한 달에 한 번

그룹 기도(예: 가족, 소그룹, 예배 중)			
매일/거의 매일	일주일에 2-4번	일주일에 한 번	한 달에 한 번

개인 성경 읽기			
매일/거의 매일	일주일에 2-4번	일주일에 한 번	한 달에 한 번

그룹 성경 읽기(예: 가족, 소그룹, 예배 중)			
매일/거의 매일	일주일에 2-4번	일주일에 한 번	한 달에 한 번

당신의 삶에서 정기적으로 이루어지는가? 어떻게 보다 정기적인 삶이 될 수 있겠는가?

14. 얼마나 자주 당신의 시간을 정의의 사역이나 자비의 사역에 사용하는가? 어떤 방법으로 당신은 가난한 사람들, 소외된 사람들, 고통받는 사람들의 삶에 참여하고 있는가? 어떤 동기로 그것을 하고 있는가? 어떻게하면 더 참여할 수 있는가?

15. 당신은 어떤 방식으로 당신의 시간, 에너지, 자원을 베풀고 있는가? 당신은 의미 있게, 희생적으로, 자진해서 베풀고 있는가? 어떻게 더 베풀 수 있는가?

16. 당신은 안식일에 쉼을 실천하기 위해 무엇을 하고 있는가? 시간을 내어 쉬고 있는가? 아니면 일 때문에 소모되고 있는가? 어떻게 하면 보다 효과적으로 쉴 수 있을까?

17. 당신의 직업이나 일상의 업무 속에서 어떻게 그리스도를 높이고 있는가? 어떻게 당신의 일은 샬롬의 회복이 될 수 있겠는가?

18. 당신은 얼마나 자주 도시를 위해서 기도하는가? 도시의 평안과 번영을 구하고 있는가? 어떤 방식으로 당신이 사는 지역을 사용하거나 또는 오용하는가? 어떻게 당신이 사는 지역을 사랑하고 섬길 수 있는가?

19. 당신이 시작하거나/계속하거나/그만두어야 하는 섬김의 역할이나 영역이 있는가?

20. 마음, 공동체, 세상의 세 범주 중에서, 당신에게 더 공감이 되고, 더
    배우기를 원하는 영역은 어디인가?

당신이 쓴 대답들을 갖고 기도하라. 성령님께서 당신의 삶 가운데 일하시
도록 간구하라.

8과 그룹 스터디

― 지난 과 요약

기도로 시작하라. 하나님께서 모임 가운데 일하시기를 기도하라. 아래의
문단을 소리 내어 읽고 지난 과의 요점을 요약하라.

우리가 세상에 샬롬을 가져오는 존재임을 지난 과에서 보았다. 우리
는 정의롭게 행동하며 자비를 사랑해야 한다. 우리는 이웃들과 가난하고
소외된 이들의 삶에 참여해야 한다.

사회적 양심을 가지고 타인을 - 그중에서도 가난한 사람을 - 섬기는
행동에 대한 헌신은 신앙과 하나님과의 관계에 대한 필수적인 표지임을
살펴보았다.

이제 마지막 과에서 우리는 '영원'에 대하여 생각해 볼 것이다.

• 3-5분 정도 홈스터디에 대해 토론하라. 당신에게 도움이 되었거

나, 새로웠거나, 가슴이 뛰었거나, 또는 혼란스러운 것이 있었으면 무엇이든지 언급하라.

— 성경 본문 연구

이사야 60장 15-22절을 소리 내어 읽으라. 그리고 아래의 질문들을 차례로 살펴보라.

1. 이사야에 따르면(17-21절) 천국은 어떤 모습인가? 이 모습은 요한계시록 21장 1-4절, 22-27절과 어떻게 비교되는가?

2. 미래의 하나님 나라에는 폭력이나 파괴가 없을 것이라는 지식이 우리에게 주는 도움은 무엇인가? 이것이 우리가 접촉하는 사람들이 우리 주변의 폭력과 파괴의 문제들을 대처하는데 어떤 도움이 될 수 있는가?

3. 본문에서 하나님은 다양한 방식으로 설명되고 다양한 이름으로 불린다. 이를 통해 하나님에 대해서 무엇을 배울 수 있는가? 그것은 그분과의 관계에 어떤 의미를 주는가?

4. 리처드 마우(Richard Mouw)는 이렇게 썼다.

> 나의 직감은 하나님이 우리에게 내세에 대한 풍부하고 다양한 이
> 미지의 창고를 주셨다는 것이다. 그 모든 것들은 우리의 현재 상상
> 력을 뛰어넘는 방향으로 우리를 안내한다. 그리하여 우리 삶의 특
> 별한 상황들 속에서 그들 중에 한두 개를 자유롭게 사용할 수 있
> 다.[56]

어떤 상황에서 우리는 이사야 60장에 나오는 천국의 설명을 사용할 수 있겠
는가? 당신이 과거에 영원에 대한 설명으로 사용한 것들은 어떤 것이며 그
이유는 무엇이었는가?

이사야 60장 1-14절을 소리 내어 읽으라. 팀 켈러가 영원에 대해 말하는 메시지를 읽어 보라.

하나님이 동산에서 역사를 시작하시고 도시에서 끝내신다는 것을 아는가? 요한계시록 21, 22장에서 하나님이 구속의 최종결과, 정점을 묘사하실 때 한 도시, 새 예루살렘을 우리에게 보여 주신다. 그 도시 중앙에 창세기 후로 보지 못했던 생명나무가 있다. 그 도시 한 가운데 왜 생명나무가 있는가? 원래 에덴이 되었어야 할 것이 새 예루살렘에 이루어질 것이다.

하나님이 아담에게 세우라고 했던 세상이 이것이다. 그런데 둘째 아담 예수 그리스도가 그것을 이루셨다. 이사야서 60장에도 우리의 마지막 종착지가 나온다. 그 장에서 선지자는 완전히 회복된 창조 질서를 보여 준다. 거기서 그는 미래의 놀라운 사실을 밝힌다.

샬롬의 회복이다. 인간관계가 치유될 것이다. 새 예루살렘에는 폭력, 슬픔, 전쟁이 없고 그것들이 다 사라질 것이다. 그래서 단지 문화가 새로워지는 것이 아니라, 공동체가 새로워질 것이다. 가족이 다시 함께한다. 관계들이 돈독해진다. 다른 인종들이 서로 싸우지 않는다. 우리가 늘 갈망했던 공동체가 우리의 것이 될 것이다.

또한 도시 전체가 하나님의 영광으로 가득할 것이다. 그것은 하나님의 직접적 임재의 영광이다. 우주와 그 안의 모든 것이 완전히 새로워질 것이다. 왜 그런가? 십자가가 예수님께 죽음의 나무가 되어서 우리가 생명나무를 갖는다. 이것은 구속의 이야기이다. 지금 우리의 시간과 장소가 그 중의 한 장이다. 우리는 심령들과 공동체들과 세상을 변화시키고자 한다. 그러면서 우리는 마지막 장을 바라본다.

그때 역사 속에서 일어난 모든 일들이, C. S. 루이스의 말처럼, 하나님의 이야기의 책의 단지 표지에 불과하게 될 것이다. 이사야가 말한 그때에 우리가 이를 때 우리는 큰 이야기의 1장에 이를 것이고 땅의 아무도 아직 그것을 읽지 않았고 그 이야기는 영원히 이어질 것이다. 그리고 그 책의 각 장은 갈수록 이전 장보다 더 좋아질 것이다.

— 그룹 토론

5. 당신에게 새롭거나, 감명 깊은 것은 어떤 것이 있었는가? 당신의 마음에 어떤 질문이 들었는가?

6. 이사야 60장은 모든 민족과 모든 나라의 문화적 성취를 포괄하는 새 예루살렘의 비전을 묘사하고 있다. 당신의 일의 어떤 측면이 이 최종적인 왕국에 포함된다고 생각하는가? 이것은 당신의 일에 대한 관점에 어떤 영향을 주는가?

7. 여기에 묘사된 공동체는 완벽하게 샬롬이 회복된 곳이다. 교회가 이러한 공동체를 미리 맛보게 할 수 있는 것들은 무엇인가?

8. 하나님과 경쟁하는 당신을 위한 '영광'은 무엇인가? 하나님이 당신의 유일한 영광과 영원한 광명이라면 삶에 어떤 변화가 생길 것인가?

9. 이제 당신은 이 책의 모든 과정을 마쳤다. 잠시 몇 분 동안 당신의 노트를 다시 살펴보고 그룹에게 당신이 변화되거나 영향 받은 한 가지를 나누도록 하자(이유도 설명하라). 함께 새롭게 발견한 것과 깨달은 것들에 대해 기도하라.

― 함께 기도하기

우리가 새 예루살렘에 대해 가진 놀라운 비전에 대해 하나님께 감사하라. 이 비전이 당신과 공동체를 통해 실천되도록 기도하라. 당신의 도시와 지역을 위한 하나님 나라의 계획들과 목적들에 대한 통찰을 주시도록 간구하라. 특별히 주님의 계획과 일치하도록 기도하라.

여덟 개의 과에서 배운 모든 것들을 삶에서 실현할 수 있도록 기도하라. 당신이 마음과 공동체와 세상을 지속적으로 변화시키는 삶을 추구하도록 기도하라.

― 평가

이 과정은 마무리 되었다. 당신이 어떤 영역의 섬김과 사역에 참여할 수 있는지 생각해 보라. 당신의 리더가 당신과 만나는 약속을 잡고 당신이 다음 걸음을 잘 내딛도록 도울 수 있도록 하라.

- 이 과정에서 배운 것에 대해서 기도하라.
- 당신의 믿음이 성장하고 견고해지도록 어떤 것이 가장 도움이 될지 리더와 이야기할 준비를 하라(예, 다른 과정을 할 것인가? 어떤 책들을 읽을 것인가? 어떤 습관을 실천할 것인가?).
- 교회가 제공하는 섬김의 기회들을 찾아보라 - 당신의 목회자나 교회 지도자에게 이야기하라. 교회 주보나 홈페이지를 살펴보라.

- 당신이 어떤 모양의 정의와 자비 사역에 참여하거나 지원할 수 있는 방법을 찾아보라.
- 6과 홈 스터디 〈표6〉에 있는 세계관 연습과제를 검토하라(또는 완성하라). 다음 몇 주 또는 몇 달 동안 당신이 할 수 있는 몇 가지 실제적인 것들의 목록을 작성하고 기도하라.
- 8과 홈 스터디에 있는 복음 자기평가 설문지를 검토하라. 그리고 당신의 리더와 이야기할 준비를 하라.

인도자를 위한 지침

Contents

인도자를 위한
이 책의 사용법

이 인도자 지침은 《팀 켈러의 복음과 삶 성경공부》를 가지고 성도들과 함께 성경공부를 나누는 리더들과 은혜의 복음을 더 깊이 공부하고 싶은 이들을 위한 것이다. 먼저 각각의 그룹 스터디를 인도할 때 시간 분량은 다음과 같이 진행하는 것이 좋다.

> 10분 - 지난 과의 요약
> 20분 - 성경 본문 연구
> 25분 - 그룹 토론
> 5분 - 다음 과 소개 및 과제 안내

인도자가 그룹을 이끌 때 도움이 될 수 있도록 각각의 질문 아래에 자세하고 도움이 될 만한 설명을 수록하였다. 인도자는 각 과의 설명을 미리 공부할 필요가 있다. 이 설명들은 그룹 스터디를 하는 도중에 보는 용도가 아니다. 미리 준비하는 용도이다. 그룹 스터디를 하는 도중에는 인도자 지침 앞부분에 있는 성도들과 동일한 성경공부 교재의 해당 페이지를 사용하도록 하라.

인도자는 이 책에 있는 모든 질문들을 다루어야 하는 것이 아니다. 그룹의 특성에 맞게 적절한 시간 제한을 두고 질문을 다루어라. 시간에 대하여는 앞 쪽에 명시되어 있다. 자유로운 토론이 가능하다면 주어진 시간 동안 서너 개의 질문만 하는 것이 좋을 수도 있다. 만일 그런 경우라면, 질문을 미리 살펴보고 어떤 질문이 당신의 그룹에 가장 도움이 될지를 결정하도록 하라. 당신의 그룹을 알고 어떤 질문이 너무 어렵거나 또는 무관심할지 파악할 수 있을 것이다. 그러므로 모임이 시작되기 이전에 질문들을 그룹에 맞게 고치거나 미리 선택하는 것이 중요하다.

첫 번째 질문에 너무 많은 시간을 사용하지 않도록 하라. 토론이 주제 중심으로 이루어지도록 노력하라. 그리고 당신이 선택한 질문을 모두 다룰 수 있도록 하라.

이 가이드는 모임을 어떻게 운영하라는 처방전이 아니다. 이 가이드를 당신의 교회의 그룹이나 교실의 상황에 따라 적절하게 사용하라. 당신이 원하는 추가적인 요소들을 얼마든지 넣어도 좋다. 예를 들어 찬양 부르기, 함께 식사하기, 그리고 공동체를 세우는 데 도움이 되는 것은 무엇이든지 실행하라.

― 홈 스터디(Home Study)

멤버들이 집에서 미리 예습할 수 있도록 준비된 홈 스터디는 일련의 읽을거리, 인용구, 연습 문제, 질문, 그리고 프로젝트들로 구성되어 있다. 이것들은 멤버들이 다음 과의 주제에 깊이 들어갈 수 있도록 돕기 위함이다. 각 과제들을 하는 데는 약 1시간 정도가 소요된다.

당신의 그룹에게 각 모임이 마치기 직전에 홈 스터디의 목적을 간략히 설명하라. 홈 스터디에 대하여 함께 열심을 내도록 독려하라. 당신이 완수하려고 애를 쓴다면 당신의 그룹도 함께 열심을 낼 것이다.

5과와 7과를 준비하기 위한 과제들은 프로젝트들이다. 인도자는 이것을 미리 숙지해서 멤버들이 충분한 시간을 가지고 준비하도록 하라.

― 일러두기

이 책은 팀 켈러와 리디머교회의 스캇 카우프만(Scott Kauffmann), 존 린(John Lin), 그리고 샘 샤마스(Sam Shammas)가 만든 자료를 활용한 것이다.

다음 분들께 깊이 감사드린다. 루카스 나우글(Lukas Naugle), 피터 오스테보(Peter Ostebo), 그리고 디자이어링 갓(Desiring God) 팀은 DVD 제작을 맡았다. 마티 맥알파인(Marty McAlpine)은 사진을 담당했으며, 칼 라슨(Carl Larsen)은 동영상을 제작했다. 다이앤 베인브리지(Diane Bainbridge)는 교재 디자인을 했다. 그렉 클라우스(Greg Clouse), 마이크 쿡(Mke Cook), 로빈 필립스(Robin Phill), 존 레이몬드(John Raymond), 그리고 존더반(Zondervan) 출판사의 직원들이 지속적인 협력을 보냈다.

이 책은 앤디 브린들리(Andi Brindley), 아베 초(Abe Cho), 캐시 켈러(Kathy Keller), 캐서린 리어리(Katherine Leary), 스칼 솔즈(Scott Sauls), 신디 위드머(Cindy Widmer), 그리고 리디머교회의 소그룹들의 도움으로 인해 출간될 수 있었다. 또한 이 책을 먼저 사용한 다른 많은 교회들이 은혜로운 피드백을 여러 차례 제공했다.

이 책으로 소그룹을 인도하는 리더들은 Gospel in Life DVD를 참조하면 좋을 것이다. 책에 수록된 팀 켈러의 핵심 메시지는 이 DVD 내용을 정리했다.

도시

지금 내가 살고 있는 세상의 모습

— 성경 본문 연구

기원전 586년에, 예루살렘은 파괴되었고 유대 사회의 지도층은 바벨론으로 강제 이주되었다. 고관들과 기능공과 토공들이 포로로 잡혀가게 되었다. 이때 선지자 예레미야는 하나님으로부터 말씀을 받아서 이 포로된 자들에게 편지를 보냈다. 예레미야 29장 4-14절을 소리 내어 읽으라. 그리고 다음의 질문들을 하나씩 풀어보라. 원활하게 모임을 인도할 수 있도록 아래의 설명을 미리 읽도록 하라. 질문 아래에 있는 설명들은 낭독을 목적으로 하지 않는다. 이것은 토론을 도와주기 위함이다.

1. 하나님은 이스라엘 포로들에게 바벨론 도시에 대해 어떤 구체적인 지시를 주시는가(4-7절)? 포로들이 이에 대해 어떻게 느꼈으리라 생각하는가?

    도시에 정착하라
    그들은 "거기에 살라"라고 지시를 받았기 때문에(5절) 장기간 정착할 계획을 세워야 했다. 지역 사회에서 다음과 같은 일을 감당해야 했다. "집을 짓고" "텃밭을 만들고"(5절).

도시에서 번성하라

그들은 "거기에서 번성하고 줄어들지 말라"는(6절b) 지시를 받았다. 이것은 그들이 강해지고 수적으로 증가하는 것을 의미한다. 뿐만 아니라 그들만의 영적 정체성을 잃지 않고, 믿음 안에 견고히 서는 것이었다.

도시의 평안과 번영을 구하라

예레미야는 "그 성읍의 평안을 구하고"라고 말했다. 이는 그들의 샬롬(평안, 번영)이 도시를 유익하게 하는 방식으로 추구되어야 한다는 뜻이다. 그들은 자신들의 물질을 사용해 도시 전체를 복되게 할 의무를 가졌다. 개인적인 발전을 위해서 도시를 이용해서는 안 된다. 반대로 도시의 발전을 구해야 한다.

도시를 위해 기도하라

그들은 "그를 위하여 여호와께 기도하라"(7절b)는 지시를 받았다. 하나님은 그들을 도시를 위해 기도하라고 부르셨다.

8절과 9절에서는 하나님이 거짓 선지자를 책망하신다. 이 경고는 4절에서 7절까지 (1)도시에 정착하고 참여하라, (2)도시의 평안을 추구하라는 지시 바로 다음에 등장한다. 거짓 선지자들의 충고는 하나님의 말씀과는 달랐다. 그러므로 우리는 거짓 선지자들이 4절에서 7절까지와 반대로 미혹하고 있었다는 것을 알 수 있다.

그들의 선포는 다음과 같다. (1)도시에서 떨어져 나와서 바깥에 있으라, (2)적대적인 입장을 취하라.

거짓 선지자들이 무엇을 선동하고 있었는지를 보려면, 예레미야 28장 2-4절을 살펴보라. 선지자 하나냐가 "… 이 년 안에 다시 이곳으로 되돌려 오리라 … 바벨론으로 간 유다 모든 포로를 다시 이곳으로 돌아오게 하리니 이는 내가 바벨론의 왕의 멍에를 꺾을 것임이라 … "(2-4절). 그런데 예레미야는 그 예언에 완전히 상반되는 메시지를 다음과 같이 선포했다(렘 29:28을 보라). "오래 지내야 하리니 너희는 집을 짓고 살며 밭을 일구고 그 열매를 먹으라."

2. "너희에게 … 평안을 주려는"(11절) 것과 "그 성읍의 평안을 구하고"(7절) 사이에는 어떤 관계가 있는가?

11절과 7절은 원인과 결과의 관계이다. 11절과 7절을 함께 묶어서 살펴보면, 역동적인 원리를 발견할 수 있다. 성도들이 평안과 번영을 누리게 되는 것은, 자신의 번영을 구할 때가 아니라 그 지역 도시의 번영을 추구할 때이다. 역설적이게도 유대인들이 바벨론에 대한 적개심과 경멸하는 마음을 버리고 바벨론을 섬기고 번영하게 할 때만 그들은 번영하게 될 것이다.

7절b는 아주 직선적으로 말한다. "그 성읍이 [바벨론이] 평안함으로 너희도 평안할 것임이라." 그들이 그 이방 도시에 평안과 번영이 임하게 하는 데 집중한다면(7절a), 하나님은 그들에게 평안과 번영을 그 이방 도시를 '통하여' 임하게 할 것이다(7절b). 말하자면, 하나님은 하나님 백성의 복을 그들의 도시 사역의 효과성에 연동시키신 것이다.

데릭 키드너(Derek Kidner)는 예레미야 29장 7절에 대한 주석에서 이렇게 썼다. "신약성경도 선으로 악을 이기라(롬 12:21)고 말한다. '모든 참된 신실성을 나타내게 하라. 이는 범사에 우리 구주 하나님의 교훈을 빛나게 하려 함이라'(딛 2:10; 3:2; 벧전 2:18)라고 명한다. 그렇지만 이 예레미야의 구절처럼 대담한 곳도 드물다. 내가 아닌 다른 사람을 위하여 최선을 다하는 삶(심지어 포로삼은 자들에게조차)은 베푸는 사람들을 풍요롭게 하기 위한 것이다. 이것이 7절이 가리키는 것이다."[57]

멤버들에게 이것을 자신의 삶에 적용하도록 요청하라. 예레미야 29장 7절은 어떤 메시지를 담고 있는가? 하나님은 당신을 통하여 도시에 평안과 번영을 임하게 하신다. 도시를 섬기는 사역을 통해서 하나님은 평안과 번영을 당신의 삶에서 허락하신다.

3. 11-14절에서 알 수 있는 포로 생활의 목적은 무엇인가? 왜 이 구절들이 편지에 담겨 있다고 생각하는가?

하나님은 세 차례나 바벨론에 "사로잡혀 가게 한"(carried) 것이라고 말씀하신다(4, 7, 14절). "사로잡혀 가게 한" 것은 매우 적극적인 표현이다. 이것은 하나님이 단순히 사로잡힘을 '허락하셨다'는 것 이상이다. 달리 말해서, 그들이 바벨론의 다원주의적인 세상 속에서 살아가는 것은 단지 무의미한 재앙이 아닌 것이다. 그들을 위한 하나님의 철저한 계획이었다.

또한, 하나님은 그들을 위하여 기한과 때를 정하셨다고 말씀하신다. 그들은 70년 동안 바벨론에 머물 것이다. 대략 2-3세대에 해당한다(10절). 70년의 포로 기간 동안에는 두 가지가 일어난다.

첫째, 70년은 그 자체가 '바벨론을 위한' 시간이기도 하다. 하나님은 세상에서 바벨론을 통해서 하나님의 일을 계획하셨다. 그리고 70년이 바벨론을 '위한' 시간이라는 것에는 또 다른 의미도 있다. 유대인들이 포로가 되어 바벨론에 올 때 자연스럽게 하나님을 믿는 믿음도 들어왔다. 바벨론 사람들은 참되고 살아 계신 하나님을 믿는 사람들과 접촉하게 되었다.

둘째, 70년의 목적은 이스라엘의 영적 정화와 부흥을 위한 시간이었다. 당시 하나님의 백성은 영적인 해체 상태 속에 있었다(19절과 23절 참조). 그러나 포로 생활이 그들을 변화시켰다. 그들은 풍성한 기도 생활을 되찾았다. 12절 말씀처럼 하였다. "너희가 내게 부르짖으며 내게 와서 기도하면 내가 너희들의 기도를 들을 것이요." 그들은 하나님과의 관계를 전심으로 구하였다. 13-14절은 말한다. "너희가 온 마음으로 나를 구하면 나를 찾을 것이요 나를 만나리라 … 나는 너희들을 만날 것이며." 사실 하나님은 유배의 최종 결과는 "평안이요 재앙이 아니니라"고 하셨다(11절).

4. 종교사회학자 로드니 스타크(Rodney Stark)는 다음과 같이 기록했다.

기독교는 그리스-로마 세계의 도시 문명 속에서 삶의 빈곤, 혼돈, 공포, 야만성에 대항하여 일어난 재활력화 운동(revitalization)으로 기능했다. 기독교는 도시에 삶을 새롭게 하는 활력을 불어넣었다. 새로운 규범과 새로운 사회적 관계들을 제공하여 많은 긴급한 문제들을 대처하도록 도운 것이다.

기독교는 노숙자와 빈곤층으로 가득한 도시에 자선뿐 아니라 희망을 제공했다. 또한 기독교는 이주자와 이방인들로 가득한 도시에 즉각적인 연결고리의 토대를 제공했으며 민족 간 격렬한 갈등으로 찢겨진 도시에 사회적 연대의 새로운 토대를 제공했다. 전염병이 창궐한 도시들에게 기독교는 효과적인 봉사의 표본이 되었다.[58]

로드니 스타크는 기독교가 도시에 미친 긍정적인 영향에 대해 언급했다. 그리스-로마 세계 속에 기독교의 영향을 돌아보게 한다. 오늘날의 기독교에도 이러한 모습이 적용되는가? 그렇지 않다면 그 이유는 무엇인가? 어떤 점에서 기독교가 당신이 사는 지역에서 '삶을 새롭게 하는 활력'이 되는가?

당신의 그룹과 토의하라.

― 팀 켈러의 핵심 메시지

팀 켈러가 도시에 대해 언급한 메시지를 함께 읽고 토론해 보라(Gospel in Life DVD를 함께 시청하는 것도 좋을 것이다).

― 그룹 토론

5. 팀 켈러의 메시지를 읽은 후 새롭게 다가온 것은 무엇인가? 이전에 생각하지 못했던 새로운 질문을 불러일으킨 것이 있다면 무엇인가?

당신의 그룹과 자유롭게 토론하라.

6. 인도에서 태어난 도시 목회를 연구한 J. N. 마노카란(Manokaran) 목사
는 그의 저서 *Christ and cities*(그리스도와 도시들)에서 다음과 같이 말했다.

"도시를 괴물로 보아서는 안 된다. 필요를 가진 사람들의 공동체로 보
아야 한다."[59] 당신이 사는 도시를 어떤 눈으로 보고 있는가? 그곳에 대
해 느끼는 감정은 무엇인가? 당신이 사는 도시는 어떤 가치를 가지고
있는가?

선계선교학 교수인 로저 그린웨이(Roger Greenway)는 말한다. "도시
에 대해서 의구심이 일어난다면, 도시화가 지금 삶의 현실이며 하
나님의 섭리 아래 일어나는 현실임을 생각해 보는 것이 좋겠다. 이
러한 거대한 사람들의 군집으로 말미암아, 하나님은 역사상 가장
위대한 복음 전도의 기회를 교회에 주신다.

인종들, 종족들, 다양한 집단들이 대도시들 안에 고밀도로 모
여서, 지리적으로 이전 어느 때보다 더 그들에게 다가가기가 쉬워
졌다. 하나님은 우리 시대에 다양한 사회적, 정치적, 경제적 요인
들을 통해서 가장 강력하게 일하신다. 지구의 민족들은 서로서로
더 가깝게 접촉할 수 있게 되었으며, 더 많은 상호작용과 상호의존
성을 경험하게 되었다. 그리하여 복음이 들릴 수 있는 거리에 들어
오게 되었다.

하나님은 이런 운동에 의하여 역사 속에서 그분의 구원 목적을
이루어 가신다. 우리 시대의 표지는 도시이다. 도시로 밀려드는

전 세계적 이민의 물결을 통해서 하나님은 선교의 가장 위대한 마지막 시간을 준비를 하고 계신다."[60]

7. 팀 켈러는 다음과 같이 말한다.

도시에서 여러분은 영적으로 소망이 없어 보이는 사람들을 발견할 것이다. 종교가 없는 사람들을 만나게 될 것이며 다른 종교를 가진 사람들을 접하게 된다. 그리고 비기독교적인 태도로 삶을 사는 사람들을 만난다. 그들 중에 상당수가 당신보다 훨씬 친절하고, 깊이 있고, 지혜롭다는 것을 알게 될 것이다. 또한 가난한 사람들과 깨어진 사람들 중에 많은 사람들이 은혜의 복음에 대하여 열려 있는 것과 복음의 현실적인 적용에 대해 당신보다 더 많이 헌신되어 있는 것을 보게 될 것이다.

당신 혹은 지인들이 이와 비슷한 경험을 한 적이 있는가? 예를 들어보라.

당신의 그룹과 토론하라.

8. 종종 기독교인들이 세상에 대하여 아무런 영향력이 없다는 말을 듣는
   다. 정확한 평가라면 이유는 무엇인가? 기독교인이 세상에 대해 보다
   참여적이지 못한 이유는 무엇인가?

하나님은 그리스도인을 이 세상에 깊이 참여하도록 부르셔서 세
상을 섬기도록 하신다. 그러나 우리는 구별된 영적 정체성을 잃어
서는 안 된다. 문화가 더욱 세속화되면서 세상 '안에 있으나 세상
에 속하지 않는'(in but not of) 것이 복잡하고 어려워졌다.
다음을 생각해 보라.

- 복음을 공적으로 전하지 않는 것이 훨씬 쉽다. 특히 죄, 지옥,
  회개와 같은 까다로운 부분을 회피하는 것이 훨씬 편하다. 완
  전한 복음을 전하지 않는다면 그것은 전혀 복음이 아니며, 삶을
  변화시키는 권능이 없다.
- 세속적인 사람들을 참여하게 하고 이끄는 것이 어렵다. 그렇게
  하는 것은 생각과 시간과 노력을 요한다.
- 주변 문화를 반영하거나 경멸하는 것이 훨씬 쉽다. 단순한 문화
  적 대립이나 동화를 피하고 문화 갱신과 부흥의 통로가 되는 일
  은 매우 어렵다.
- 우리와 다른 사람들을 정죄하지 않으며 배타적이지 않은 것은
  어렵다. 다른 사람들은 우리의 그런 면을 쉽게 인지한다.

기독교는 단지 개인의 영혼을 구원하기 위해 지켜야 할 교리의 집합이 아니다. 기독교는 세상에 있는 모든 것에 대한 해석이며, 고유한 이해 방식을 가진다.

그런데 고대 헬라인들과 현대 사상은 믿음과 신앙을 삶과 분리하는 경향이 있었다. 이를 '이원론'(dualism)이라고 부른다. 이원론은 개인적 신념과 신앙을 우리가 세상에서 실제로 살고 일하는 방식과 분리한다. 더욱이 이는 하나님을 섬기는 유일한 방법은 직접적인 사역을 통하는 것뿐이라는 넓게 유포된 가정으로 연결된다 - 성경 강의, 전도, 제자 훈련 등. 교회와 교회 활동은 선하고 오염되지 않은 것으로 여겨지지만, 세속 세계는 나쁘고 오염된 것으로 본다. 많은 직장은 지나친 경쟁, 피상성, 정치적, 탐욕, 그리고 잔인함으로 만연하다. 세속 직업을 버리고 단지 기독교 공동체의 범위 내에서 사역만 하는 존재가 되라고 종용한다.

만일 우리가 그렇게 하지 않는다 해도, 우리는 여전히 많은 시간을 보다 전통적이고, 쉬운 환경에서 보내고 싶어한다. 이러한 생각이 문화적 영향력이 있는 장소들로부터 그리스도인들을 멀어지게 하고 말았다.

성경은 신성한 것과 세속적인 것의 구분을 지지하지 않는다. 우리는 신앙으로부터 직업과 공적 세계의 삶을 분리할 수 없다. 우리 삶의 모든 부분 - 일, 가정, 시민적 참여, 여가 등 - 은 모두 하나님의 영광을 위하여 이루어져야 한다. 성경은 우리에게 예수님이 삶의 모든 영역의 주인이셔야 함을 말한다. 개인적인 삶의 영역만이 아니다. 복음은 우리가 삶의 모든 과업을 수행하는 동기, 태도, 방법을 만들어 내고 영향을 끼친다. 물론 이렇게 사는 것은 쉬운 일은 아니다. 그러나 우리 주변의 세상에 영향을 끼치는 심오한 길을 제공한다.

9. 히브리어 '샬롬'(Shalom, 렘 29:7)은 '건강하다, 증가하다, 형통하다'(prosper)라는 뜻이다. 즉, 삶의 모든 영역에서의 성장을 의미한다. 기독교 공동체 안에서 어떤 종류의 성장이 우리가 사는 도시를 평안하게 만드는가?

우리는 그리스도의 성품을 닮아야 한다. "오직 성령의 열매는 사랑과 희락과 화평과 오래 참음과 자비와 양선과 충성과 온유와 절제니 … 그리스도 예수의 사람들은 육체와 함께 그 정욕과 탐심을 십자가에 못 박았느니라"(갈 5:22-24).

우리는 또한 "오직 우리 주 곧 구주 예수 그리스도의 은혜와 그를 아는 지식에서 자라 가고"(벧후 3:18) "성령의 능력으로 소망이 넘치게" 되어야 한다(롬 15:13).

교회는 교제와 관계의 성숙함으로 인하여 자라야 한다. 그리스도를 통하여 "온몸이 … 각 지체의 분량대로 역사하여 그 몸을 자

266

라게 하며 사랑 안에서 스스로 세우느니라"(엡 4:16).

우리가 이렇게 성장하면서, 잃어버린 사람들을 향한 그리스도의 열정 안에서 자라게 된다. 우리는 믿지 않는 사람들을 향하여 사랑의 손을 뻗게 된다.

한 공동체로서 이런 방식들 속에서 성장할 때 우리는 주변에 있는 이웃들의 필요를 더 잘 파악하게 되고, 그리스도께서 그들을 섬기도록 주신 은사들을 기꺼이 분별하여 사용하게 된다. 우리는 소통과 행함으로 지역의 복지를 모든 면에서 증진시키기 원한다는 것을 외쳐야 한다.

또한 우리는 다른 사람들을 사랑하고 섬기는 삶을 살아야 한다. 가난한 자, 깨어진 자, 소외된 자들을 도울 것이며 사회 정의를 위해 일해야 한다.

10. 어떤 구체적인 방식으로 당신(혹은 그룹)의 도시를 섬기며 사랑하고 있는가? 일방적으로 동화되거나 회피하는 방식이 아닌 도시의 평화와 번영에 진정으로 관심을 가지고 할 수 있는 일은 무엇인가?

만일 우리가 도시의 샬롬(평안, 번영)을 추구한다면 어떻게 하면 도시의 본래 목적을 회복할 수 있을까를 생각할 필요가 있다.

첫째, 우리는 도움과 보호가 필요한 사람들을 섬기고 사랑해야 한다. 다른 사람들의 필요를 섬기기로 결정한 후 그들을 민족이나 계급이나 학벌에 관계없이 대한다. 그리고 그들을 우리의 필요를 채우기 위해 이용하지 않는다.

둘째, 우리는 정의를 행할 필요가 있다. 우리는 하나님의 사랑, 평화 그리고 정의가 깨어진 세상에 임하도록 해야 한다.

셋째, 우리는 창조성과 관계성 그리고 탁월성의 측면에서 모든 것을 포괄하는 새로운 문화를 창조하고 경작한다. 일터에서 어떻게 살아야할지를 고민해야 한다.

넷째, 우리는 다른 사람들의 영적 성장을 돕는다. 사람들의 갈망에 대해 만족스러운 답을 제시함으로써 그리스도께 영광을 돌려야 한다.

유대인들 - 폭력적인 압제자에 의해 강제로 바벨론에 온 사람들 - 이 하나님에 의해 '사로잡혀 가게 된' 것은 도시의 평안과 번영을 추구하기 위함이었다(렘 29:7). 우리 역시 마찬가지다. 우리는 도시를 위하여 하나님이 특별한 목적을 갖고 계심을 알아야 한다.

특별한 목적을 예로 들면 다음과 같다.

• 결핍이 있는 사람들을 돕는 사역에 참여하기.
• 구체적이고 일관성이 있는 기도 사역을 시작하기. 구체적인 지역이나 특정한 사람들이나, 또는 구체적인 문제를 위해서 기도하기.

- 복음이 어떻게 직장에서 상황을 변화시키는지 더욱 인지하기.
- 우리의 믿음을 동료들과 어떻게 하면 보다 담대하게, 끈질기게, 사랑스럽게, 그리고 기쁘게 나눌지를 찾아보기.

이 공부의 끝에 당신은 이 과를 정리하면서 홈 스터디의 목적을 간략히 설명하는 것이 필요하다. 리더인 당신부터 이 공부에 열정을 갖고 임해라. 그러면 당신의 멤버들도 그렇게 될 것이다.

마음
세 가지 삶의 방식

— 성경 본문 연구

누가복음 18장 9-14절을 읽으라. 그리고 아래 질문들을 미리 살펴봄으로써 모임을 인도할 준비를 하라.

1. 바리새인은 자신에 대해서 무엇이라고 말하는가(11-12절)? 바리새인은 위선자인가? 이에 대하여 토론하라.

　　자신의 의로움을 주장하면서도 사람을 죽이는 이들이 있다. 물론 본문에는 그런 표현은 없다. 바리새인은 좋은 사람이다. 그가 가진 것의 십분의 일을 헌금한다는 것은 그가 가난한 사람들에게 자비로운 사람이라는 뜻이다. 그가 간음을 하지 않는다고 말하는 것은 그가 성실한 남편이라는 뜻이다.

　　바리새인의 기도를 통해 그의 감사의 목록을 듣게 된다. 이에 대해 예수님은 회화적인 그림을 그려 주신다. 만약 당신이 감사 편지를 쓴다면 - 당신이 "주님 감사합니다"라고 기도를 시작한다면 - 하나님이 행하신 일들에 대해 언급할 것이다. 그러나 바리새인은 말하기를 "주님 감사합니다"라고 한 후에 어떠한 말도 하지 않았다. 그것만 말하고 나머지 기도는 전부 자신에 대한 것이었다. 이

271

것은 하나님 중심처럼 보이지만 전적으로 자기 중심적인 예배이다. 다시 말해 바리새인의 예배와 기도는 모두 하나님을 향한 것이 아닌 철저히 자신을 향한 것이었다.

2. 바리새인이 생각하는 의로움은 무엇인가? 그들은 그것을 어떻게 성취하는 것이라고 생각하는가?

의(義)에 대한 바리새인의 접근법은 두 가지 특징이 있다.

1. 외형주의(extemalism)

바리새인의 죄와 미덕에 대한 이해는 전적으로 외형적이었다. 완전히 행동에 초점을 맞추고 있으며, 규칙들의 위반 또는 준수에 집중한다. 인간의 내면을 들여다보거나 성품을 살피지 않는다. 죄를 완전히 별개의 개인적인 행동들로 이해하고 있다. 그는 말한다. "나는 강탈하지 않는다. 나는 간음하지 않는다. 나는 속이지 않는다. 나는 구제한다. 나는 금식한다. 나는 종교적 의무를 지킨다."

그는 이렇게 말하지 않는다. "하나님, 내가 더 인내할 수 있음에 감사합니다. 내가 더 온유한 사람이 됨에 감사합니다. 내가 전에 사랑할 수 없었던 사람들을 이제 사랑할 수 있으니 감사합니다. 상황이 안 좋을 때조차도 나의 기쁨과 평화를 지킬 수 있음에 감사합니다." 그는 이러한 것들에 대해 말하지 않는다. 그는 철저하게 외적인 것에 초점을 두고 있다. 죄와 미덕에 대한 그의 이해는 외적인 행위에 쏠려 있어서 규칙을 지키고 어기는 것에 집중할 뿐이다.

2. 비교 의식(comparison)

그는 말한다. "나는 저 사람과 같지 않습니다." 이 말이 의미하는 것은 "나는 이만큼 더 낫습니다"이다. 또한 그는 "다른 사람을 멸시하는 자들"(9절)이라는 표현을 사용한다. 바리새인이 자신이 강도, 악인, 간음자가 아니기 때문에 다른 사람들보다 낫다고 생각하는 것은 흥미로운 일이다. 그것이 성경에 있기 때문이다 - 훔치지 않고 악을 행하지 않고 간음하지 않는다. "십일조를 합니다." 이 계명도 성경에 있는 것이다.

그런데 그는 그 다음 구절에서 이렇게 말한다, "나는 일주일에 두 번씩 금식합니다"(12절). 성경 어디에서도 일주일에 두 번씩 금식하라고 명하지 않는다. 하나님의 법이 그것을 요구하지 않았다. 이것은 그가 선택한 것이다. 그는 자신의 개인적 취향 또는 문화적 관습에 중요한 의미를 부여했다. 이를 통하여 스스로 다른 사람들보다 훨씬 더 미덕 있는 사람인 것처럼 느끼고 싶은 것이다.

3. 13절의 세리가 기도하는 내용은 일반적인지 않다. 영어 성경에서는 "God, have mercy on me, 'a' sinner"(하나님이여 불쌍히 여기소서 나는 죄인이로소이다)라고 번역되어 있지만, 헬라어 원문에서는 정관사가 사용되었다. "God, have mercy on me, 'the' sinner." 세리의 태도에서 회개에 대해 무엇을 배울 수 있는가?

> 만일 당신이 그 바리새인처럼 죄를 외형과 비교로 판단한다면 - 당신보다 더 많은 죄를 지은 사람이 언제나 있기 마련이다 - 당신은 그저 '한 명의 죄인'(a sinner)일 뿐이다. 당신은 결코 '바로 그 죄인'(the sinner)은 되지 못한다. 그러나 이 사람은 남과 비교하지 않고 자신에 관해서만 죄를 생각한다. 그는 "내가 아는 전부는 내가 길을 잃었다는 것이며, 다른 사람들이 어디에 있는지는 중요하지 않다"고 말한다.
>
> 세리는 자신이 행한 잘못에 초점을 두지 않는다. 그는 개인적인 행동들만을 보는 것이 아니다. 자신에 대한 전체적인 이해는 자신이 '바로 그 죄인'이라는 것이다 - 이것이 그가 자신을 보는 관점이며 정체성의 한 부분이다.
>
> 멤버들에게 일정한 시간을 주고 이것을 자기에게 적용하도록 요청하라. 이것('바로 그 죄인')이 당신과 그들의 정체성의 한 부분인가?
>
> 세리는 자비를 간구한다. 하나님의 은혜에 대한 철저한 의존이

다. 다시금 이것을 개인의 것이 되게 하라. 즉, 그룹에게 개인적인 예를 생각해 보도록 하라. 이것을 그들의 삶에 적용하게 하라.

　17세기 설교자이며 작가인 토마스 왓슨(Thomas Watson)은 *The Doctrine of Repentance*(회개의 교리)에서 진정한 회개의 여섯 가지 특징을 말했다.[61] 이는 시편 51편에 근거하고 있다. 그룹과 이것들을 나누는 것이 도움이 될 수 있다.

1. 죄를 보는 것

"… 내 죄가 항상 내 앞에 있나이다"(3절).

성령님이 당신에게 보여 주시기 전까지는 진정으로 회개하지 못한다. 죄가 당신에게 실체적으로 다가와야 한다.

2. 죄를 슬퍼하는 것

"내가 주께만 범죄하여 주의 목전에 악을 행하였사오니…"(4절a).

진정한 회개는 죄에 대한 슬픔을 수반한다. 죄가 하나님을 비참하게 하였음에 대한 애통을 포함한다. 가짜 회개는 죄의 결과에 대한 슬픔이며 자신을 비참하게 한 일에 대한 것이다. 자기 연민은 회개처럼 보이지만, 사실은 아니다.

3. 죄를 고백하는 것

"주께서 말씀하실 때에 의로우시다 하고 주께서 심판하실 때에 순전하시다 하리이다"(4절b).

진정한 회개는 핑계를 대지 않는다. 책임 전가를 하지 않는다. 모든 것을 자신의 탓으로 여긴다.

4. 죄를 부끄러워하는 것

"내가 죄악 중에서 출생하였음이여"(5절).

진정한 회개는 자신에 대한 전반적인 태도가 달라진다. 본문의 세리처럼, 자신을 '바로 그 죄인'이라고 말하게 한다.

5. 죄를 미워하는 것

"주의 목전에 악을 행하였사오니"(4절).

죄에 대한 진정한 슬픔이 있다면(단지 결과 때문이 아니라), 죄 그 자체를 미워하게 될 것이다.

6. 죄에 등 돌리는 것

"자원하는 심령을 주사"(12절).

앞의 다섯 가지 요소들이 있다면, 이 순서에서 당신은 죄를 버리게 될 것이다. 당신에 대한 죄의 권능이 약해질 것이다. 최소한 당신은 죄로부터 떠나는 데 진보를 이룰 것이다.

4. 존 스토트(John Stott)는 다음과 같이 썼다.

> '칭의'는 법률 용어다. 법정에서 주로 사용하는 용어다. 이는 '정죄'
> 에 정확히 반대이다. '정죄한다'는 것은 어떤 사람을 유죄라고 선
> 언하는 것인 반면, '칭의한다'는 것은 그가 의롭다고 선언하는 것이
> 다. 성경에서 이는 하나님의 행동을 가리키는 데 사용되며, 죄인을
> 자신과 바른 관계에 이르게 하기 위해서 은총을 베푸는 것을 의미
> 한다. 단지 용서하거나 방면하는 것이 아니라 용납하며 의롭게 수
> 용하는 것이다.[62]

**예수님은 세리가 하나님 앞에 '의롭다 함을 받고' 집에 갔다고 하셨다.
이 말씀의 의미는 무엇인가? 본문은 칭의에 대해서 무엇을 가르치는가?**

이 비유에서 예수님은 우리에게 보편적인 의로움의 문제를 제시
하신다. 그 문제에 대한 해답을 대표하는 두 인물을 보여 주신다.
한 가지 해법은 작동하지 않지만, 다른 해법은 작동한다.

먼저 좋은 사람인 바리새인이 있고, 나쁜 사람인 세리가 있다.
세리들은 제국의 부역자였고, 폭력배였고, 갈취범이었다. 바리새
인과 세리의 기도가 끝난 후 예수님은 그 나쁜 사람이 하나님 앞에
서 의롭다 함을 받았다고 말씀하신다.

예수님은 우리에게 복음의 핵심에 대하여 보여 주신다. 바리새

인은 선한 행위로 자신을 합리화하려고 했다. 그는 하나님의 규칙을 지키고 있지만, 철저히 외적 행위에 초점을 맞추고 있었다. 스스로를 자랑하며 이렇게 말한다. "이제 하나님, 나는 당신에게 받을 것이 있습니다"(문자적으로는, 당신이 나에게 빚을 졌습니다 - 역자 주). 그는 하나님의 규칙을 지킴으로써 자신의 칭의를 획득하고 있는 것이다. 하나님의 은혜에 철저한 의존하지 않는 것이다.

다른 한 편으로 세리는 말과 행동 가운데(13절은 "멀리 서서 감히 눈을 들어 하늘을 쳐다보지도 못하고"라고 말했다) 하나님의 자비에 완전히 의존한다.

인용구가 말하듯이 우리가 의롭게 되는 것은 의롭게 여김을 받음으로써 가능한 일이다. 하나님의 무조건적인 은혜이다. 하나님의 사랑과 용납은 그리스도로 인하여 확실해졌다. 그래서 우리가 하나님의 법을 순종하는 것은 기쁨과 닮고 싶은 마음과 주님을 아는 지식에서 비롯되는 것이다.

그런데 종종 우리는 마치 하나님의 사랑과 용납이 우리의 수준과 마음의 정도에 근거하는 것처럼 행동한다. 하나님의 법에 순종하는 것이 거절에 대한 두려움에 근거하고, 좋은 자아상을 도덕적 노력을 통해 만들고 싶은 욕망에 근거한다. 이것에 대한 보편적인 방식들은 다음과 같다.

• 만일 우리가 꽤 많은 시간을 비참과 고통 가운데 보내야 죄나

실패에 대하여 용서받은 느낌이 든다면, 우리가 하나님과 관계의 회복의 근거를 스스로 얼마나 괴로워했는지, 자책과 비참에 두고 있기 때문일 수 있다.

• 만일 우리가 다른 사람들에게 교만하거나 거칠게 대한다면, 우리가 하나님과 관계의 근거를 스스로 성취하고 있다고 생각하는 도덕 기준에 두고 있기 때문일 수 있다.

• 만일 우리가 패배자처럼 느끼며 낮은 자존감을 가졌다면, 우리가 하나님과 관계의 근거를 성취하지 못하고 있다고 생각하는 도덕 기준에 두고 있기 때문일 수 있다.

― 팀 켈러의 핵심 메시지

누가복음 15장 11-32절을 읽으라. 그리고 다음의 그룹 토론들을 인도할 준비를 하도록 하라. 우리의 마음을 지배하는 것이 무엇인지 탕자의 비유를 통해 살펴보자.

5. 당신에게 새롭게 다가온 것은 무엇인가? 이를 통해 어떤 질문이 생각 났는가?

   당신의 그룹과 토론하라.

6. 두 형제 중 누구에게 공감하며 그 이유는 무엇인가?

   당신의 그룹과 토론하라.

7. 맏아들은 어떤 감정이나 태도를 보였는가? 이 이야기는 그가 하나님 과 어떤 관계에 있었음을 보여 주는가?

   "그가 노하여"(28절).
   그는 분노로 가득 찼다. 도덕주의적 마음의 한 가지 표지는 만일 우리가 기준에 맞추어 산다면 하나님이 나에게 편하고 좋은 삶을 주어야 한다는 의식이다. 이것은 인생이 원하는 대로 가지 않을 때 분노로 이어진다. 이 분노는 두 가지 형태 중에 하나이다. 제대로 살고 있었다고 생각하면 하나님에게 분노한다. 만일 제대로 살지 못했다고 느끼면 자기 자신에게 분노한다.

"내가 여러 해 아버지를 섬겨(I've been slaving for you)"(29절).
그는 기쁨 없이 기계적으로 순종했다. 맏아들은 선을 행하는 것 자체에서 기쁨을 누리거나 하나님에 대한 기쁨으로 인해 선을 행하지 않았다. 기쁨 없이, 노예처럼 행했다.

그리스도인들은 하나님의 놀라운 은혜에 반응하는 사람들이다. 그들은 하나님을 기쁘게 하기 위한 순수한 마음으로 순종한다. 그러나 맏아들은 하나님을 그렇게 대하지 않는다. 그는 스스로를 종처럼 느낀다.

"즐기게 하신 일이 없더니"(29절).
그는 아버지의 사랑에 대한 확신이 없었다. 맏아들은 아버지와의 관계에 있어서 행복이나 기쁨이 없었다. 자신의 선함을 통해 하나님을 통제하고 구원을 얻으려는 사람들은 결코 "이루었다"라는 확신에 이르지 못한다. 언제나 관계에 대한 불안감과 두려움과 불안함이 존재한다.

"이 아들이"(30절).
그는 둘째 아들 같은 부류에 대해 냉랭하다. 맏아들은 형제임을 받아들이지도 않는다. 그는 동생에게 사랑도 없고 그리움도 없다. 이야기 속의 아버지와는 딴판이다. 맏아들은 전도를 경멸하거나 헛되게 본다.

반면, 복음으로 변화된 사람은 언제나 전도에 대해 열려 있다. 만일 자신이 오직 은혜로 구원받은 죄인임을 믿는다면, 그는 다른 누구에게 우월감을 갖지 않는다. 다른 어떤 문화적 집단이나 민족 집단, 다른 종교, 심지어 부도덕한 사람들에 대해서도 마찬가지이다.

만일 복음을 제대로 이해한다면, 다른 사람들에 대한 희망을 갖는다. 함부로 "이 사람은 결코 그리스도인이 되지 못할 거야"라고 말하지 않는다. 왜냐하면 모든 사람은 동일하게 하나님을 찾지 않기 때문이다.

"아버지의 살림을 창녀들과 함께 삼켜버린"(30절).
맏아들은 용서하지 않는 정죄하는 마음을 갖고 있다. 그는 어린 동생이 '창녀들'과 함께했다는 것을 강조한다. 반면, 그는 집에서 단정한 삶을 살았음을 강조한다. 맏아들은 용서에 필요한 두 가지가 없었다. "나도 다르지 않아"라고 말하는 정서적 겸손이 없었다. 대신 죄인을 보고 "나는 절대 저렇게 안 해!"라고 말했다.

다른 한편, 그들은 "나는 사랑을 많이 받았고 아버지께 용서를 받았어. 내가 무시당하거나 부당한 취급을 받는 것이 무슨 대수

겠어?"라고 말할 수 있는 정서적 '부요함'이 없다. 그는 결코 동생을 용서할 수 없다. 사랑과 용서가 풍성한 아버지와는 다른 모습이다.

8. "우리의 나쁜 것들만을 회개하는 것이 아니라, 우리가 선한 일들을 행하는 그 이유들을 회개한다"는 것은 어떤 의미인가?

그리스도인이 되는 것은 단지 죄를 회개하는 것만으로 충분하지 않다. 물론 그리스도인들은 죄를 회개한다. 그러나 바리새인들도 자기들의 죄를 회개한다. 하나님의 율법을 어기면 그들은 회개한다 - 종종 회개한다 - 그렇다고 그리스도인 되는 것이 아니다. 이는 맏아들의 모습일 뿐이다.

그리스도인은 잘못을 회개하는 것이 아니라, 그들이 선을 행한 이유를 가지고도 회개해야 한다. 그들은 (맏아들처럼) 자기 자신이 구원자가 되고 하나님께 무엇을 받을 자격을 없음을 회개해야 한다.

이것이 의미하는 바는 우리의 의로운 행동이 죄와 동일한 것을 깨달아야 한다는 것이다. 우리가 의로운 행동을 하는 이유가 자칫 우리의 삶과 심지어 하나님에 대해서 통제권을 갖는 것일 수 있다는 점이다. 하나님이 아닌 스스로 구주와 주인이 되기 위해서 말이다. 우리가 그 죄를 회개하기 시작할 때 모든 삶이 새로워진다. 이것을 기독교에서 '거듭남'이라고 부른다. 근본적이고, 전적인 변화이기 때문이다. 근본적으로 신뢰하고 소망하는 대상이 바뀌는 것이다. 정체성이 바뀌는 것이다. 기본적인 가치와 구별성을 주는 것들이 달라지는 것이다. 이것이 바로 거듭남이다!

만일 사람들이 단지 죄를 회개하고 변화된 삶을 살려고 한다면 결코 '집으로 가는 길을 찾지' 못할 것이다. 그것으로는 근본적인 마음의 변화가 일어나지 않는다. 자기 구원의 기본적인 방향성을 바꾸지 못한다. 그것은 착한 사람들과 나쁜 사람들의 삶에 모두 문제가 될 뿐이다. 우리는 단지 나쁜 것만을 회개해서는 안 된다. 우리의 선한 행위의 동기와 이유에 대하여도 회개해야 한다.

9. "오직 믿음으로 오직 은혜로 오직 그리스도의 대속적 사역을 통해서 의롭게 된다는 것에 대해 당신이 시험을 치른다면, 분명히 100점을 맞을 것이다." 만일 우리가 오직 은혜로 의롭다 하심을 받는다면 - 선행, 도덕적 노력, 또는 다른 무엇으로 되는 것이 아니라면 - 도대체 순종과 회개의 삶을 사는 동기부여는 어디에서 오는 것인가?

만일 "그리스도 예수 안에 결코 정죄함이 없"(롬 8:1)다는 것을 안다면, 당신이 순종하고 회개하는 삶을 살아야 할 모든 동기부여를 가진 것이다. 몇 가지 측면을 생각해 보자.

우리는 순종하며 회개하는 삶을 산다. 왜냐하면 우리는 주님이 우리를 구원하심을 기뻐하기 때문이다.

우리가 하나님의 은혜와 사랑을 복음 안에서 지속적으로 경험함으로써 우리 안에는 하나님을 기쁘시게 하고 즐거워하시게 하기 원하는 열망이 커진다.

우리는 순종하며 회개하는 삶을 산다. 왜냐하면 우리는 주님을 높이며 닮아가기 원하기 때문이다.

우리는 존경하고 공경하는 대상을 모방하고 싶은 인간의 깊은 본능이 있다. 예를 들어 위대한 사람을 공경하기 위해서 사람들은 그들의 형상을 만든다 - 동상과 그림들. 그리고 우리는 사람들이 그들을 모방하도록 독려한다. 경건한 삶은 우리를 위하여 희생의 본을 보이신 예수님께 경의를 표하는 한 가지 방법이다. 우리는 예수님을 닮기 원한다.

우리는 순종하며 회개하는 삶을 산다. 왜냐하면 하나님과 더 깊이 교제하기를 원하기 때문이다.

우리는 하나님의 임재를 경험하기 원하며, 하나님을 위해 사는 것이 그렇게 하는 하나의 방법이다.

10. 만약 예수님이 우리의 진정한 맏형이라면, 삶을 살아가는 방식에 어떤 변화가 생기는가?

다음은 예수님이 우리의 참된 맏형이라는 사실이 갖는 놀라운 시사점들 중에 몇 가지이다.

- 예수님은 우리의 궁극적인 아름다움이며 우리의 마음을 만족시키시는 분이다. 단순히 감탄과 존경을 받으실 뿐만 아니라 예배와 숭배와 기쁨의 대상이 되신다. 우리 삶의 목적은 그분의 영광을 보는 것이다(요 17:24). 그것은 분명히 단지 예수님을 믿거나 순종하는 것 이상의 일이다. 예수님은 예배의 궁극적 대상이시다. 우리는 예수님을 즐거워하고 맛보고 기뻐해야 한다.
- 예수님은 절대적인 순종을 요구하는 분이다. 우리 삶의 중심이며 우선순위가 되신다. 우리는 선택에 있어 늘 예수님을 우선순위에 두어야 한다. 그분은 우리의 의지를 궁극적으로 다스리는 분이다. 우리는 어떻게 이것이 가능할지 성경을 읽음으로써 배워야 한다.
- 예수님은 쉼과 확신을 우리 양심에 주시는 분이다. 그분의 구원은 무한한 가치가 있다. 그리스도의 피는 우리 죄를 위해 지불된 몸값이다(막 10:45). 그것은 동시에 하나님의 피다(행 20:28). 그 피의 가치를 생각해 보라. 용서받지 못할 정도로 큰 죄는 없다.

치료되지 못할 정도의 상함은 없다.

• 우리는 현란한 것들 - 육체적 아름다움, 지위, 권력 등 - 에 감동해서는 안 된다. 성육신은 하나님이 기꺼이 자신을 비우시고 영광과 권력을 내려놓으셨으며 종으로서 겸손히 사셨다는 것을 의미한다. 예수님은 불명예스러운 사람들과 어울리셨다. 우리는 외모에 의존하거나 특권층이나 상류층을 선호해서는 안 된다. 성육신이 의미하는 것은 우월 의식의 종말이다.

• 우리는 반드시 다가올 희망을 기대하며 살고 있다. 참된 왕이신 예수님은 그분의 권능으로 세상을 바르게 하신다. 지금은 치유가 부분적이지만, 언젠가 모든 어그러짐, 부패, 죄, 질병, 불완전은 일소될 것이다.

우상숭배

가장 근본적인 죄

— 성경 본문 연구

로마서 1장 18-25절을 읽으라. 그리고 아래 질문들을 미리 살펴봄으로써 모임을 인도할 준비를 하라.

1. 우리의 마음과 생각이 "허망하여지고" "어두워지는" 이유는 무엇인가?(특히 21절을 살펴보라)

바울은 21절에서 그 기본적인 이유를 말한다. 즉, 우리가 마음 깊이 하나님께 모든 것을 빚졌음을 알면서도, 우리는 여전히 삶을 통제하기 원한다는 점이다. 이 때문에 우상들을 만들어 낸다.

인간은 하나님을 영화롭게 하지 않는다. 즉, 우리는 하나님의 위대하고 지고하신 것만큼 그분을 향하여 살지 않으며, 하나님이 세상의 중심인 것만큼 그분을 인정하지 않는다.

더불어 우리는 감사하지 않는다. 우리는 하나님께 의존하고 빚진 것만큼 그분을 향하여 살지 않는다. 합당한 감사가 빠졌다는 것은 마음이 그 한계를 인정하지 않으려함을 의미한다. 마음으로는 실제보다 훨씬 자급자족할 수 있는 것처럼 생각한다.

우리는 이러한 사실들을 "억누른다"(18절). 왜냐하면 우리는 하나님께 대한 완전한 충성을 원하지 않기 때문이다. 우리는 스스로의 주인이 되고 싶어 한다.

2. 본문에서 우상숭배의 결과가 삶에서 어떻게 나타났는가? 이것이 당신의 삶에서도 나타났는가? 당신의 경우를 나누어 보라.

삶에 대한 하나님의 통제권을 거부하는 것은 필연적으로 거짓 신들이나 우상들을 만들어 내는 결과에 도달함을 바울은 말한다(25절). 우리는 단순히 하나님의 영광을 부인할 수 없다(21절). 우리는 다른 무엇의 영광으로(23절) 하나님의 영광을 대신한다. 인간은 무엇인가를 영광스럽게 하는 존재이다. 우리는 반드시 예배하고, 숭배하고 무엇인가를 궁극적인 가치로 삼아 그 위에 삶을 건설한다.

우리는 예배를 위해 지음을 받았기 때문에, 하나님을 제거할 때는 다른 것으로 하나님을 대체하려 한다.

하나님이 세계를 창조하셨기 때문에, 모든 창조된 것들은 그 안에 하나님의 영광을 다소간 담고 있다. 그러므로 그런 것들을 위대하고 멋지고 탄복할 만한 것으로 생각하는 것은 타당한 일이다. 문제는 우리가 피조된 것들에게 정도 이상의 애정을 주는 것이다. 하나님께 드려야 하는 궁극적인 애정을 피조물에게 쏟는다. 만일 우리가 이렇게 한다면 다음과 같은 일들이 벌어진다.

우리는 속는다

"이는 그들이 하나님의 진리를 거짓 것으로 바꾸어…"(25절). 21절과 비교해 보라. 하나님을 거부한 결과로 그들은 "그 생각이 허망하여지며 미련한 마음이 어두워졌나니."

삶의 모든 선택들, 감정의 모양들, 개성들의 기저에는 우상에 중심을 둔 거짓 신념 체계가 있다. 이는 하나님 외에 우리에게 의미와 기쁨을 부여한다고 생각하는 것이다. 우리는 예수님 외에 다른 것이 우리의 구주와 우리의 의가 되기를 바란다.

물론, 하나님 외에 그 무엇도 이런 종류의 권능을 가질 수는 없다. 우상들은 결코 만족을 주지 않는다. 다만 우리는 이것을 부정하며 살 뿐이다. 모든 우상은 망상을 만들어 낸다. 성공, 행복, 가치에 대한 거짓 정의들을 내린다. 우리의 마음은 깊은 거짓 신념에서 작동한다. 예를 들어, "만일 내가 _____을 성취하기만 한다면, 나는 행복할 것이다" 또는 "내가 _____을 잃었기 때문에, 나는 결코 행복할 수 없어"와 같은 것들이다.

바울은 이러한 망상, 맹목, 기만이 얼마나 포괄적일 수 있는지를 말한다. 여기에는 지적인 혼동과 좌절이 있다(21절, "그 생각이 허망하여지며"). 또한 정서적인 혼동과 좌절이 포함된다(21절, "마음이 어두워졌나니").

그러나 우리는 결코 우상 자체를 비난하지 않는다. 우리는 하나님, 이 세상, 우리의 실패, 그리고 다른 이들의 실패를 비난하곤 한다.

우리는 예속된다

"하나님께서 그들을 마음의 정욕대로 더러움에 내버려 두사…"(24절). 이것은 우리 마음의 욕망들이, 우상숭배를 통하여 점점 과도해지고 통제 불가능해지면서, 우리를 휩쓸어감을 말해 준다. 즉, 우리가 우상에게 넘겨진 모습이다.

바울은 우리가 단지 우상들을 예배할 뿐만 아니라, 그것을 섬기거나 순종한다(25절)고 말한다. 인간은 목표 지향적이다. 이 세상을 살기 위해서, 우리는 우선 순위를 갖는다. 무엇이 가장 중요한 것이 되든 간에, 바로 그것이 다른 모든 것을 정의하고 타당화하는 근거가 된다.

우리는 절대적으로 무엇인가에 끌려 산다. 그것이 우리를 통제한다. 행복하기 위해서, 자신을 되찾기 위해서, 인생의 의미를 갖기 위해서, 우리는 그것을 꼭 필요로 한다. 그러나 이 대체물은 만족을 주지 않는다. 왜냐하면 우리 마음은 다른 피조물이 아닌 하나님을 중심에 두도록 창조되었기 때문이다. 우리는 언제나 더 많이 원한다. 이것이 바로 우상들에게 넘어간 모습이다.

3. 본문은 하나님의 진노에 대해 무엇을 우리에게 가르쳐 주는가?

진노의 존재

어떤 사람들은 어떻게 이럴 수 있는지, 즉 "나는 이게 문제라고 생각합니다"라는 질문을 할 수 있다. 이런 경우에 다음과 같은 인도 질문을 사용하라. "만일 당신이 누군가를 깊이 사랑한다면 분노가 없어집니까?"

진노의 현존

지금 여기에 있다. 현재 시제를 살펴보라. "나타나나니"(is being revealed).

진노의 대상

'경건하지 않음'과 '불의'에 대해 나타난다. 경건하지 않음이란 하나님의 권위를 도외시하는 것들을 가리키는 단어이다. 불의는, 엄밀히 말해서, 사랑, 진리, 정의 등 사람의 권리를 도외시하는 것들을 가리킨다.

진노받기에 합당함

'진리를 막는'(surpress) 사람들에게 나타난다. '진리를 막는' 것은 중요한 개념인데, 모든 사람들이 '마음 깊이' 하나님이 계시다는 것을 알며, 그분이 충성을 받으실 대상이 된다는 것을 안다는 것을 보여 준다.

21절은 이교도를 포함한 모든 인류가 '하나님을 안다'고 말한다 (이것은 꼭 그들이 하나님과의 인격적이며 언약적인 관계를 갖고 있다는 뜻은 아니다. 하나님의 존재하심에 대한 그들의 지식은, 비록 억누르고 있다 할지라도, 매우 실제적이라는 뜻이다).

우리가 복음을 필요로 하는 이유

NIV성경은 18절에서 for를 빼고 번역했다. 이 단어는 16-17절과 18절을 연결하며 하나님의 진노가 있기 때문에 복음이 필요함을 알려 준다.

복음에 대한 바울의 모든 확신, 기쁨, 열정(롬 1:1-17)은 모든 인간이 복음을 떠나서는 하나님의 진노 아래 있다는 전제 위에 서 있다. 만일 당신이 하나님의 진노를 이해하지 못하거나 믿지 않는다면, 복음은 당신에게 신나거나 권능 있거나 감동적이지 않을 것이다.

하나님의 진노의 정당성은 악의 파괴적인 능력을 볼 때만 이해될 수 있다. 어두워진 마음과 생각은 진리를 거부한 직접적인 결과들이다(21절a와 21절b를 연결하여 보라). 그들이 감정적으로 경험하는 예속됨은 거짓 신들을 예배한 결과이다. 그 신들은 만족을 주지 않는다(23절과 24절의 연결을 살펴보라).

다시 말해서, 죄는 하나님이 창조하신 질서를 깨뜨린다(예, 하나님께서는 우리가 그분을 섬기도록 지으셨다; 하나님은 우리가 비이기적인 삶을 살도록 창조하셨다; 하나님은 우리가 진리를 말하도록 창조하셨다).

하나님의 진노와 심판은 우리가 예배하고 우리가 섬기는 그것들에게서 '우리를 내버려두는' 것이다(24절a). 우리는 정의와 더불어 하나님의 진노를 본다. 이것은 의롭다. 왜냐하면 마음속으로는 하나님이 계시다는 것을 안다(20절, '핑계하지 못할지니라').

또한 그는 우리가 원하는 것을 주실 뿐이다. 이것은 심각한 일이다. 왜냐하면 하나님이 하시는 가장 최악의 일이 인간에게 그들의 우상숭배적인 목표를 이루도록 허용하시는 일이기 때문이다.

* 주의: 이 토론이 너무 길어지지 않게 하라.

4. 존 칼빈은 사람의 마음을 '영구적인 우상 공장'이라고 했다.[63] 개인적으로 어떤 우상들을 가지고 있는가?

어떤 것이든지 우상이 될 수 있다. 좋은 것들도 마찬가지다. 개인적인 우상들의 예를 들자면 다음과 같다.

일과 경력
일은 당신에게 가장 중요한 것이 된다.

- 생산적이며 쓸모 있는 것, 또는 성공했다고 느끼며 유능하다고 느낀다.

외모와 이미지

이것은 그 자체로 여러 가지 형태를 띤다. 다음의 것들을 포함한다.
- 다이어트에 집착하며 외모를 가꾸기 위해 시간, 노력, 관심을 지나치게 기울인다.
- 포르노 및 부적절한 관계를 통한 '가짜 친밀함'을 갈구한다.

가족

이 우상은 여러 가지 다양한 모습으로 나타난다.
- 자녀들의 미래, 행복, 순종, 건강 등이 가장 중요한 것이 된다.
- 부모의 기대를 충족시키는 것이 가장 중요한 것이 된다.
- 결혼 혹은 완벽한 결혼을 가장 중시한다.

연애

이것은 성적 만족과는 다른 것이다.
- 사랑에 빠지기 위해서 산다.
- 누군가 나를 사랑해 주는 것, 또는 어떤 진정한 사람이 모든 문제를 해결해 주는 꿈을 꾸며 산다.

재물

이 우상숭배는 여러 가지 형태가 있다.

- 많은 돈을 소유하는 (그리고 저축하는) 것이 당신에게 안정감을 준다.
- 많은 돈을 소유하는 (그리고 소비하는) 것이 당신에게 의미 있고 중요한 느낌을 얻는 주된 방법이다.

지난 과에서 공부했던 누가복음 15장의 동생과 형을 다시 살펴보라. 그들은 아주 흔한 우상들을 대표적으로 보여 준다. 이것을 다루어도 괜찮다. 홈 스터디 〈표2〉를 사용해서 그룹원들이 자신의 우상들을 확인하도록 도울 수 있다.

— 팀 켈러의 핵심 메시지

팀 켈러의 우상숭배에 대한 메시지를 읽고 우리 마음을 중독시키는 우상이 무엇인지 살펴보라.

— 그룹 토론

5. 당신에게 새롭거나, 감명 깊었던 것은 무엇인가?

　　　그룹과 토론하라.

6. "진정한 변화를 원한다면 예수 그리스도가 당신에게 가장 중요하고
　　긍정적인 열정이 되어야만 한다." 언제 그리고 어떻게 이 말이 당신의
　　삶이나 타인의 삶에서 참됨을 발견하였는가?

　　　아래 예들은 그리스도가 당신을 통치하는 주인이심을 기억하며
　　기도하는 방법들이다. 어떤 우상이 마음을 지배해서 특정한 감정
　　이 불쑥 일어날 때 다음과 같이 기도하라.

　　　불안을 느낄 때
　　　기뻐하며 기도하라. "내가 가진 모든 것은 그리스도의 사랑과 희생
　　으로 말미암은 은혜의 선물입니다. 그들은 나의 공로에 의한 것이
　　아니고, 그리스도의 자비하심 때문입니다. 그리스도는 나를 위해
　　희생하시기까지 나를 사랑하십니다. 나에게 필요한 것을 언제나
　　공급하실 것입니다. 이것이 내 영혼의 참된 위로입니다."

교만과 분노를 느낄 때

기뻐하며 기도하라. "내가 가진 모든 것은 그리스도의 사랑과 희생으로 말미암은 은혜의 선물입니다. 내가 받아야할 벌을 나는 결코 받지 않았습니다. 앞으로도 그럴 것입니다. 하나님이 내가 받을 벌을 주셨다면, 나는 이미 죽었을 것이다. 이것이 내 영혼을 겸손하게 합니다."

죄책감을 느낄 때

기뻐하며 기도하라. "내가 가진 모든 것은 그리스도의 사랑과 희생으로 말미암은 은혜의 선물입니다. 그것들은 값을 지불하고 얻은 것이 아니므로 다시 잃을 수도 없습니다. 그리스도는 나를 사랑하셨고, 지금 내가 죄책감에 사로잡힐 수 있음을 아시면서도 여전히 나를 사랑하십니다. 이것이 내 영혼에 확신을 줍니다."

지루하고 무기력할 때

기뻐하며 기도하라. "내가 가진 모든 것은 그리스도의 사랑과 희생으로 말미암은 은혜의 선물입니다. 내가 그리스도인이 된 것은 기적입니다. 이것이 내 영혼을 놀라고 감탄하게 합니다."

7. 윌리엄 템플(William Temple) 대주교는 말했다. "종교는 당신이 혼자 있을 때 행하는 것이다."[64] 당신이 혼자 있을 때 무엇을 가장 많이 생각하는가? 당신의 생각은 어디로 자연스럽게, 본능적으로, 습관적으로 흘러가는가? 당신의 우상이 무엇인지 분별하는데 이것이 어떻게 도움이 되는가?

템플의 말은 우리가 누군가를 오랫동안 기다리며 구석진 곳에 서 있는 그림을 연상시킨다. 딱히 읽을 것도 없고, 들을 것도 없고, 볼거리도 없고, 할 일도 없다. 이에 대한 질문은 다음과 같다. "마음이 완전히 자유로울 때, 마음이 원하는 곳에 머물 수 있을 때, 당신은 가장 자연스럽게, 본능적으로, 습관적으로 무엇을 생각하는가?"

당신의 생각이 하나님을 향하는가? 그분의 탁월하심, 속성, 영광, 아름다움을 생각하는가? 당신의 생각과 마음이 자동적으로 하나님을 향하는가? 당신의 마음이 어디로 가든지 간에(템플 경의 말처럼) 그곳이 바로 당신의 진정한 신이며, 당신의 궁극적 관심이며, 당신의 마음이 가장 많이 안식하고 예배하는 것이다.

하나님이 우리의 외로움을 다스리시기까지 우리가 하나님을 사랑해야 한다. 어떤 상황에서든지 만족하기까지 하나님을 사랑해야 한다. 우리가 가장 원하는 것을 우리는 언제나 소유한다. 물론, 우리에게 이것은 결코 사실이 아니다. 다른 것들이 하나님의 자리를 쉽게 빼앗는다. 혼자 있는 외로움의 시간에 우리가 무엇을 하는지가 우리의 우상이 무엇인지를 나타내는 표지가 된다.

8. "모든 죄의 행동은 우상숭배가 바탕이다. 모든 우상숭배는 복음에 대한 불신이 깔려 있다." 이 말에 동의한다면 왜 그런가? 동의하지 않는 다면 이유는 무엇인가? 우리의 마음과 삶이 정말로 변화되는 것에 대해 어떤 시사점이 있는가?

루터는 우상에 대한 구약성경의 율법의 금지와 신약성경의 이신 칭의에 대한 강조가 본질적으로 동일하다고 말한다.[65] 그는 하나님이 우리를 그리스도 안에서 온전히 받아들이심을 믿지 않는 것 - 그리고 우리의 구원을 위해 다른 것을 바라보는 것- 이 제1계명, 즉 다른 신을 그 앞에 두지 말라는 계명을 지키지 않는 것과 동일하다고 보았다. 만일 당신이 공로-의를 통해서 구원을 얻으려고 한다면, 당신은 하나님이 아닌 다른 것을 구원자로 의지하는 것이다. 그것이 당신의 도덕적 기록이나 성취일 수 있다.

십계명은 우상숭배에 반대하는 두 가지 명령으로 시작하고 나머지(8개 명령)가 이어진다. 왜 이런 순서일까? 율법을 어기는 근본 문제가 바로 우상숭배이기 때문이다. 만약 세 번째에서 마지막 계명까지를 어긴다면 첫 번째와 두 번째 계명은 이미 어겼을 것이다.

우리가 다른 무엇은 하나님보다 더 궁극적인 소망과 가치로 대하지 않는 한, 거짓말하거나 간음하거나 살인하는 등의 죄를 짓지 않는다. 하나님이 진정한 부요함이라면 우리는 도둑질하지 않는다. 하나님이 진정한 아름다움이라면 우리는 간음하지 않는다.

하나님보다 더 필요로 생각하는 어떤 것 - 명예든지 권력이든지 인정이든지 통제든지 - 이 있지 않다면 우리는 거짓말하지 않는다.

오직 은혜, 오직 그리스도에 의한 구원의 복음을 지적으로 받아들였다 할지라도, 죄를 짓는 순간에 우리의 마음은 소망과 구원을 다른 곳에서 찾고 있는 것이다.

따라서 어떤 특별한 죄 아래에는 그리스도의 구원을 거절하는 죄와 자기 구원에 탐닉하는 죄가 있다.

골로새서에서 바울은 "그러므로 땅에 있는 지체를 죽이라. 곧 음란과 부정과 사욕과 악한 정욕[에피쑤미아이, epithumiai]과 탐심이니 탐심은 우상숭배니라"라고 말한다(골 3:5). '악한 정욕'이라는 용어는 헬라어 에피쑤미아이다. 그 단어는 '격렬한 욕망' - 거대한 또는 과도한 욕망 - 을 의미한다. 바울은 "당신의 마음의 과도한 욕망을 죽이라, 그것은 우상숭배이다"라고 말한다.

우리가 하나님이 아닌 피조물에 우리의 중요성과 안전성에 대한 신뢰를 둘 때, 첫 번째 계명을 매일같이 어기고 있는 것이다. 그것들이 그 자체로는 좋은 것일지라도, 과도한 갈망과 감정적인 애착을 만들어 낸다.

바울은 계속해서 "위의 것을 생각하고 땅의 것을 생각하지 말

라. 이는 너희가 죽었고 너희 생명이 그리스도와 함께 하나님 안에 감추어졌음이라"(골 3:2-3)고 말한다. 여기서 우리는 마음에 사용하는 전략을 얻는다. 당신이 격렬한 분노, 두려움, 낙담 또는 다른 과도한 감정에 시달릴 때에, 그 감정들 아래에 숨은 우상을 보라. "이것은 내 삶이 아니다. 이것은 나를 정의하지 않는다. 그리스도가 내 삶이다. 이것은 나를 위해 죽지 않았다. 이것은 나를 구원할 수 없다. 그가 죽으셨고 구원하시며, 그러실 수 있으며 그렇게 하실 것이다. 궁극적으로 나는 이것을 정말로 갖지 않아도 된다."

바울이 우리가 그리스도를 '생각해야 한다'고 말한 것은 그가 생각하는 것 이상을 말한다. 기도로 그리스도의 앞에 나아가 성령을 의지하여 우리의 마음에 그를 영적 실제로 경험해야 함을 의미한다.

근본적으로 변화될 수 있는 유일한 방법은 단순히 도덕 개혁을 통해서가 아니라 우상을 회개하고 예수 그리스도를 구주로 더 깊이 믿고 기뻐하는 것이다.

복음을 통해 예수님이 사랑의 가장 큰 대상이 될 때만 - 그가 우리의 구원, 기쁨, 희망, 의미 및 가치의 원천이기 때문에 - 우리는 변화할 것이다. 누구도 의지를 통해 바꿀 수는 없다. 우리는 항상 우상에 의해, 사랑과 의미의 궁극적인 원천에 의해, 마음의 최고 애정과 사랑에 의해 통제되기 마련이다. 복음 외에 사람의 마음과 성품을 바꿀 수 있는 다른 방법은 없다.

9. 비노스 라마찬드라(Vinoth Ramachandra)는 자신의 저서 *Gods That Fail*(실패 하는 신들)에서 시편 115편을 인용한다. "우상들을 만드는 자들과 그것을 의지하는 자들이 다 그와 같으리로다." 그의 결론은 충격적이다. "우리 는 우리가 예배하는 대상들처럼 변한다."[66] 정말 그러한가? 어떤 점에서 그런가? 왜인가?

라마찬드라는 계속해서 다음과 같이 말한다.

이 시편의 논리는 성경적인 인간론의 교리를 따른다. 우리는 하나 님의 형상으로 창조되었는데, 그 참된 형상은 예수님의 인격 속에 우리에게 드러났다. 예배는 우리의 '타락한' 인간성이 그리스도 안 에 드러난 참된 인간의 정의로 회복되는 것을 포함한다. 우리는 이 러한 그리스도를 닮은 인간성으로 변화되는 것을 느끼지 못할 수도 있다. 그러나 다른 사람들은 알아차릴 것이다. 마찬가지로, 우리가 창조되지 않은 다른 이미지들을 예배할 때는 그것이 우리의 삶에 꼭 나타난다.[67]

G. K. 비일(Beale)은 그의 책 *We Become what We Worship*(예배자인가, 우상숭배자인가)에서 이렇게 썼다.

하나님은 모든 사람들로 하여금 존재를 형상화하고 반영하도록 하셨다. 사람들은 하나님의 성격이든 세상의 어떤 것들이든 간에 무엇인가를 반드시 반영한다. 사람들이 하나님께 헌신한다면 그들은 그분과 같이 될 것이다. 그들이 하나님보다 다른 어떤 것에 헌신된다면 그들은 항상 영적으로 활력이 없고 공허한 것처럼 행동할 것이다. 그들이 헌신한 대상인 생명 없고 공허한 것들처럼 될 것이다. … 육체적인 눈과 귀가 있을지라도, 영적으로는 눈이 멀고 귀머거리가 될 수 있다. 우리가 하나님의 성령이 없는 어떤 것에 자신을 헌신하는 정도만큼 우리는 성령이 없게 된다. 요점은 이 세상의 헛된 우상에 자신을 헌신할 때 우리 삶은 헛되고 텅 빌 것이다.[68]

10. 우리는 어떻게 구체적인 방식으로 그리스도를 삶 전체의 왕이며 통치자로 모시고 살 수 있는가?

예수님을 왕이며 주님으로 모신다는 것은 이런 의미이다.

순종한다

말씀에 나타난 하나님의 명령을 무조건적으로 지킨다.

• 무조건적으로 순종하지 못한 대표적인 사례는 요나이다. 그는 니느웨에 가서 복음을 전하는 일이 자신에게나 그의 나라에 도

움이 되리라는 것을 알지 못했다.

- 예수님이 주님이라면 그 이유를 모르더라도 반드시 순종해야 한다.
- 평가할 질문은 다음과 같다. "내 의견과 관계없이 하나님이 삶의 영역에 관해 말씀하신 것을 기꺼이 순종하려고 하는가?"

순복한다

하나님의 계획의 일부로서 시련이나 고통을 받아들인다.

- 순복하지 않은 대표적인 예로는 욥을 들 수 있다. 그는 하나님이 불공평하다고 생각했다. 그리고 고통을 통해 아무런 선한 것도 얻을 수 없다고 생각했다.
- 예수님이 주님이시라면, 그가 당신의 길에 보내시는 것이 무엇이든지 복종해야 한다.
- 평가할 질문은 다음과 같다. "이 부분에서 일어나는 일이 무엇이든, 내가 이해하든 안하든, 하나님께 감사하고 있는가?"(이것은 하나님이 비극을 보내는 것을 좋아한다고 믿는 것과 같지 않다. 하나님이 당신의 삶에 대한 전반적인 목적에서 항상 지혜롭고 구원을 이루기 위해 행동한다고 믿는 것이다)

의지한다

예수님은 당신의 마음 깊은 헌신, 충성심, 신뢰, 사랑에 대한 대상이다.

- 하나님을 의지하지 못한 대표적인 예는 아브라함이다. 그는 이 삭을 우상으로 삼는 유혹에 빠졌다. 아브라함이 인생의 기쁨과 의미에 대해 하나님보다 더 의지 한 것이 이삭이 될 수 있었다.
- 예수님이 주님이라면, 당신은 오직 예수님께 의지하고 다른 것에 의존하지 않을 것이다.
- 평가 질문은 다음과 같다. "내가 이 분야에서 나의 희망과 삶의 의미를 위해 하나님보다 더 의지하고 있는 것은 무엇인가?"

기대한다

하나님이 그분의 능력과 자원을 나를을 위하여 사용하실 것임을 기대한다.

- 위대한 일을 기대하지 못한 예로 모세가 있다. 그는 소명을 받았을 때, 무능력감으로 인해 즉시 하나님의 요구를 받아들이지 못하였다.
- 예수님이 주님이시라면, 나를 부르신 주님께서 반드시 도와주실 것이라는 점을 기대할 필요가 있다.
- 평가할 질문은 이렇다. "내 삶에서 하나님이 제거하시기에 너무 큰 문제나 제약 사항이 있다면 무엇인가?"

공동체

변화의 장

— 성경 본문 연구

빌립보서 2장 1-11절을 읽으라. 그리고 아래 질문들을 미리 살펴봄으로써 모임을 인도할 준비를 하라.

1. **바울이 빌립보교회에서 다루고자 하는 문제는 무엇이었다고 유추할 수 있겠는가**(2-4절)?

우리는 긍정적인 권고들을 살펴봄으로써 문제가 무엇인지 상상할 수 있다. 첫째, 그는 "마음을 같이하여 같은 사랑을 가지고 뜻을 합하며 한마음을 품"(2절)이라고 요청한다. 이것은 화합에 대한 부름이다. 그는 생각과 마음과 의지에 대하여 화합을 요청한다. 바울은 빌립보 교인들에게 진리에 대해 동의하고("마음을 같이하여"), 서로 사랑하고("같은 사랑을 가지고"), 같은 목표를 향해("한 마음을 품어") 함께 일하기를 원한다.

둘째, 겸손에 대한 요청이다. 즉, 다른 사람들의 이익을 자신보다 우선시하는 태도이다. 2절은 그리스도인을 몸 전체로 취급하는 반면, 3절과 4절은 각 사람을 하나의 개인으로 취급한다. 그들은 '다툼: 이기적인 야망'(자기 자신의 필요를 다른 사람들보다 앞세움)과 '허영:

헛된 자만'(이것은 자신들에 대한 비현실적인 평가이다)에서 벗어나야한다. 자기중심성은 교회를 분열하게 만든다.

2. 바울이 열거하는 일치와 겸손의 네 가지 토대는 무엇인가(1절)? 이런 토대들이 어떻게 일치와 겸손으로 이어지는가?

그리스도와 연합되어 있는 격려 - 권면
권면에 해당하는 헬라어 단어는 파라클레시스(paraklesis)이다. 이 말은 그리스도 안에서 우리는 구원으로부터 '강해지며" 용기를 얻는다는 뜻이다.

그리스도의 사랑 - 위로
위로라는 말은 슬퍼하는 사람에게 당신이 나누는 위로를 의미한다.

성령의 - 교제
이 말은 참여를 의미한다.

긍휼과 자비
이 두 단어는 성경에서 하나님의 인자하심을 가리킬 때 자주 사용된다.

바울은 빌립보 교인들이 그리스도로부터 힘과 깊은 위로를 받았다고 말한다. 그들은 성령에 의해 하나가 되었으며 아버지의 인자하심에 의해 값없이 용서를 받았다.

이러한 근거들이 일치와 겸손으로 귀결되는 방법에는 여러 가지 길들이 있다. 다음은 몇 가지 예들이다.

- 그리스도로부터 받는 힘과 위로가 우리를 풍요롭게 만든다. 허영(헛된 자만심)이란 명예, 인정 및 지위에 대한 굶주림을 의미한다. 우리가 그리스도에게서 받은 기쁨, 격려, 위안이 깊다면 다른 사람들의 찬사는 중요하지 않다.
- 성령의 참여는 모든 그리스도인이 서로 다름에도 불구하고 하나라는 것을 의미한다. 우리는 다양한 의견, 기질 또는 문화적 사고를 가질 수 있다. 그러나 우리 모두가 성령에 참여한다는 사실은 정치적, 지적 또는 문화적 차이보다 더 중요하게 작용한다.
- 하나님의 자비는 우리를 겸손하게 한다. 그분은 우리의 참 모델이시다. 하나님은 완전히 공로 없고 무자격한 우리를 돌보시고 공급하시기 때문에, 우리는 먼저 다른 사람들 앞에 자신을 낮추어야 한다.

3. 5절은 "그리스도의 태도와 같은 태도를 가져라"(그리스도의 마음을 품으라)
고 한다. 우리는 예수님의 태도에 대해 무엇을 배우는가(6-11절)?

성육신(6-7절)

여기에서 우리는 예수님이 비록 신성한 본성(6절a, "근본 하나님의 본체
시나")을 가졌음에도 불구하고 "종의 형체를 가지사"(7절) 자기를 비
우셨음을 알 수 있다. 바울은 예수님이 하나님으로서 자기 본성을
흘려 주신 것이 아니라 인간 본성을 취했다고 말한다. 예수님은 신
성과 인성을 동시에 지니셨다.

속죄(8절)

예수님은 특별한 일(죄)을 위하여 겸손히 섬기셨다. "죽기까지 복
종하셨으니 곧 십자가에 죽으심이라." 예수님은 인성과 함께 신성
한 본성을 유지하셨음에도 불구하고, 자발적으로 자신의 권리를
행사하지 않으셨다. 스스로 연약함을 택하시고 상처를 받았으며,
우리를 위해 십자가에서 돌아가셨다.

미래의 왕국(9-11절)

이 부분은 하나님이 예수님을 '가장 높은 곳으로' 높이셨음을 말해
준다(9절). 예수님은 하늘에서 높아지고 다스리신다. 바울은 모든
사람들이 예수님께 무릎을 꿇을 날이 멀지 않았음을 알고 있다.

예수님은 개인적인 영광으로부터 돌아서길 자발적이고 의도적으로 결정하셨다. 예수님을 가르치는 법은 헌신에서 비롯됨을 배운다. 또한 성취의 방법은 다른 사람들의 성취를 지지하는 것이다.

4. D.A. 카슨(Don Carson)은《어려운 곳에서의 사랑》(Love in Hard Places)에서 이렇게 쓴다.

> 교회는 자연스러운 원수들로 구성된다. 우리를 함께 하나로 묶는 것은 공통 교육이나 공통 인종, 공통 소득 수준, 공통 정파, 공통 국적, 공통 사투리, 공통 직업, 또는 어떤 다른 종류의 것이 아니다. 그리스도인들은 모두 예수 그리스도에 의해 구원받았기 때문에 하나가 된다. 그리스도인들은 그분께 공통의 충성을 빚진 존재이다. 그들은 예수님으로 인하여 서로 사랑하는 자연스러운 원수들의 모임이다.[69]

그의 평가에 동의하는가? 그렇다면 그 이유는 무엇인가? 동의하지 않는다면 이유는 무엇인가? 함께 나누어 보자.

교회가 복음을 구현하는 가장 중요한 방법 중 하나는 기질적으로, 문화적으로, 인종적으로 서로 다른 그리스도인들의 일치 속에 있다. 우리는 함께 살 수 없는 사람들이 그리스도 안에서 사랑과 화합으로 어울려 살 수 있음을 세상에 보여 줄 필요가 있다.

인종적, 문화적 장벽을 넘어 실제 관계를 구축할 때 다른 그룹의 사람들을 받아들이고 존중하는 것을 어렵게 만드는 자신의 문화적 풍습과 사고방식에 깊이 뿌리박힌 다양한 태도에 신속하게 대처할 수 있다. 우리는 원래 본성적으로 적대적인 '천적들'(natural enemies)이다. 그러나 복음은 이러한 태도를 극복하기 위한 노력이다. 우리는 순전한 은혜로 구원받은 죄인들이다. 우리는 그 의미를 기억하며 일관되게 생활해야 한다.

— 팀 켈러의 핵심 메시지

베드로전서 2장 9-12절을 소리내어 읽으라. 팀 켈러가 공동체에 대해 언급한 메시지를 읽어 보라.

— 그룹 토론

5. 팀 켈러의 메시지를 읽고 마음에 와 닿는 것은 무엇인가?

그룹과 토론하라.

6. 팀 켈러는 다음과 같이 말했다.

> 그리스도 인은 '거룩한 나라'이다. 세상과 구별되었다. 우리 주변 사람들과 다르다. 동시에, 우리는 '왕 같은 제사장'이어야 한다. 세상과 주변 사람들의 삶에 깊이 참여해야 한다.

당신이 속한 공동체는 어떤 모습인가?

> 그룹과 토론하라.

7. "공동체 없이 하나님을 알 수도 없고, 깊이 변화할 수도 없고, 세상을 이길 수도 없다." 당신은 이것을 어느 정도 경험했는가?

> 그룹과 토론하라.

8. 어떤 습관들이 선하고, 강하고, 건강한 그리스도인 공동체를 만드는가? 당신이 속한 그룹이 공동체로서 삶을 깊게 할 수 있는 실제적인 방법들을 토론해 보라.

공동체에 대한 생각은 단순히 일요일에 교회에 참석하는 것만으로 대체될 수 없다. 성경은 훨씬 더 깊은 관련을 암시한다. 지역 사회의 필요는 다음과 같다.

문화의 일치성

- 복음으로 인하여 우리와 근본적으로 다른 사람들과도 깊은 연합을 얻는다. 우리는 복음으로 인해 모든 사람(알지 못하거나 관심이 없는 그룹 혹은 인종 등)과 친구가 될 수 있다.
- 교회의 일치가 깊은 선교적 요인임을 주목할 필요가 있다(요 17:23). 비록 초대교회는 유대인과 그리스인으로 구성되었지만 동시에 아프리카인과 아시아인인 다민족으로 구성되었다(행 13:1과 그 이하 참조). 베드로는 그들을 집합적으로 "택하신 족속이요 왕 같은 제사장들이요 거룩한 나라요 그의 소유가 된 백성"(벧전 2:9)이라고 부른다.

반문화적 구별성

- 베드로가 우리를 '거룩한 나라'라고 부를 때, 그 의미는 문자 그대로, 우리는 구별된 독특한 공동체, 즉 모든 것을 구별된 방법으로 행하는 사람들의 그룹을 의미한다. 우리는 문화를 거슬러 살며, 모든 것을 구별되게 살도록 서로를 돕는 사람들이다.
- 돈이나 소유를 어떻게 사용하는지

- 남녀 관계나 가족 생활을 어떻게 행할지
- 직업에 관하여 어떤 태도를 취할지
- 가난하고 소외된 사람들 등을 어떻게 사랑하고 섬길지 고민한다.

공동체 영성

- 우리는 다른 사람들과 함께 기도해야 한다.
- 우리는 다른 사람들과 일정한 일관성을 가지고 하나님을 경험해야 한다.

개인적 상호 책임

- 우리는 다른 사람들에게 책임감을 가져야 한다. 우리가 그리스도 안에서 어떻게 자리고 있는지 그리고 그들이 어떻게 우리를 도울 수 있는지 알 수 있도록 다른 사람들과 삶을 충분히 나누어야 한다.

당신이 언급할 수 있는 다른 모든 요소들과 빌립보서에서 살펴본 것들을 과제를 통해 상세히 다루라(공동체를 세우는 9개의 습관들, 홈 스터디 4과 참조). 그 명령들은 선하고 힘차고 건강한 그리스도인 공동체를 일구는데 기여한다. 이들을 그룹에서 함께 간단히 검토할 수도 있다.

자신의 그룹이 공동체로서의 삶을 함께 깊게 할 수 있는 실용적인 방법들은 다음과 같다.

공통 시간
- 공동체는 가용성(availability)이 필요하다. 다른 사람들이 참여하기 너무 어려워서는 안 된다.
- 공동체는 빈도가 필요하다. 정기적으로 함께 많은 시간을 공유해야 한다.

공통 습관
- 공동체는 다양한 습관들이 필요하다.
  - 함께 식사하기
  - 레크리에이션과 종종 교회에 함께 참석하기
  - 함께 배우기(성경 공부, 독서, 묵상 전반)
  - 개인적 상담, 위로, 구체적인 책임 행동
  - 지속적인 화해와 용서에 대한 헌신
  - 봉사와 정의의 사역 및 전도의 사역을 병행
  - 기도, 예배, 함께 연주하기

공통 자원
- 공동체는 다른 사람들과 환대하며 가정과 거실을 공유해야 한다.
- 공동체는 자원을 나누는 것을 필요로 한다. 그리고 타인에 대한

책임감이 필요하다.

서로에게 인내하며, 용서하며, 사랑을 나누라

- 사람들의 삶에 깊이 관여하려면 영적 노력이 필요하다. C. S. 루이스(Lewis C. S. Lewis)는 당신의 마음을 아프게 하지 않는 유일한 방법은 결코 누구에게도 주지 않는 것이라고 말했다.[70] 그리스도인으로서 우리는 다른 사람들에게 마음을 주어야 한다. 사랑은 행동 일뿐 아니라 선의, 인내, 용서, 온정에 대한 내면의 태도여야 한다.

9. 나와 맞지 않는 사람들을 사랑하는 방법은 무엇인가?

당신은 사랑한다고 느끼지 않을 때에도 사랑의 행동을 할 수 있는가? 우리가 감정과 상관없이 사랑의 행동을 수행하면서, 외모, 과민성, 편견, 이기심을 배제하기 위한 마음의 노력을 할 수 있는가? 우리가 '나와 맞지 않는 사람을 사랑'하려고 할 때 우리는 예수님의 희생을 기억해야 한다. 어떻게 이것이 가능한가?

- 복음은 바로 이것이다.
  우리는 사랑스럽기 때문에 사랑받는 것이 아니라 우리의 사랑스럽지 않음에도 불구하고 사랑을 받았다. 우리는 사랑스럽기 때문에 사랑을 받은 것이 아니다. 예수님이 우리를 위해 죽으셨기 때문에 매력을 얻게 되었다.

- 그리스도인들이 매력적이지 않은 사람들에게 친절함으로 다가간다면 점점 더 많은 회개를 하게 될 것이다. "사랑하는 아버지, 이 사람이 저에게 매력적이지 않습니다. 그러나 주님이 고문을 당하고 죽임을 당했습니다. 주님이 나를 위해 당신의 삶을 바치셨습니다. 내가 해야 할 일은 이 사람을 위해 어느 정도 시간과 노력을 바치는 것입니다."

- 복음을 이해하지 못하는 사람은 타인을 사랑할 수 없다. 일반적으로 도덕적이고 훌륭한 사람들은 진심으로 사랑할 수 없다. 그들은 두 가지 부적절한 대안 중에서 선택해야 한다. 겉치레의 사랑(싫어하는 사람들에게 하는 예의 바른 태도), 또는 이따금의 사랑(좋아하는 사람들에게만 베푸는 친절).

- 그러나 회개하며 사랑하기를 힘쓰면 마음이 부드러워진다. 그 순간 당신의 섬김은 하나님 앞에 진실하며, 더 나아가 사람들 앞에서 진실해진다.

목사이자 작가인 존 파이퍼(John Piper)는 다음과 같이 다른 사람들을 사랑하기 위한 6가지 지침을 제공한다.

1. 험담을 피하자.

320

2. 은혜의 증거를 찾아 서로 이야기하자.

3. 타인에게 권면의 필요가 있다고 느끼면 비판을 직접 이야기하자.

4. 상대방의 관점에서 최고의 동기를 찾고 가정해 보자. 특히 동의하지 않을 때 그렇다.

5. 우리가 공유하는 공통의 비전을 자주 생각해 보자.

6. 우리가 옳다는 것보다 우리가 용서받았다는 사실에 더욱 놀라자. 그리고 우리의 관계를 복음으로 만들어가자.[71]

10. 다음은 로마서 12장에서 추출한 목록이다.

- 정직하게 사랑하라. 잘못된 것에 대해 정직하게 말하라(9절).

- 비호감인 사람들도 사랑하라. 그들도 당신의 형제자매이기 때문이다(10절).

- 다른 사람을 존중하고 가치 있게 여기고 사랑하라(10절).

- 실제적인 측면에서 사람들에게 관대하라. 당신의 가정, 돈, 시간을 공유하라(13절).

- 쓴 마음이 없이 사랑하라. 앙갚음하지 말라. 또는 서로에게 분노를 품지 말라(14절).

- 타인의 마음에 공감하라. 다른 이들과 정서적으로 참여하라(15

절).

- 겸손으로 사랑하라. 당신과 다른 사람들(지식 수준, 학벌, 환경 등)과 함께 동료가 되라(16절).

다음 중 당신의 그룹이 실천하기 가장 어려운 것은 무엇인가? 왜 그런가? 어떤 구체적인 방법으로 개선할 수 있을까?

그룹과 토론하라.

당신의 믿지 않는 친구들을 초청하는 그룹 프로젝트를 할 수 있도록 미리 소개하라.

인도자를 위한 지침
5과

전도

대안적 도시

─ 성경 본문 연구

사도행전 2장 42-47절을 읽으라. 이 본문은 초대교회를 묘사하고 있다. 아래 질문들을 미리 살펴봄으로써 모임을 인도할 준비를 하라.

1. 초대교회는 어떻게 함께 배웠는가? 이를 통해 무엇을 알 수 있는가? 교제와 봉사에 대해 발견한것은 무엇인가? 이를 통해 무엇을 배울 수 있는가?

> 교회는 교인들을 공동체에서 훈련시키고 교육했다. 그들은 사도들의 가르침에 '헌신'했다(42절).

- '헌신했다'(힘쓰니라)는 것은 학습에 대한 높은 의지를 나타낸다.
- 그것은 사도적 가르침을 중심으로 이루어졌다. 일반적인 배움이 아닌 사도들을 통해 온 하나님의 계시에 대한 연구였다(오늘날 이 가르침은 성경에 있다).
- 권능의 행동들이 수반되어 사도들의 설교의 진리를 증명했다. "사도들로 말미암아 기사와 표적이 많이 나타나니"(43절). 사도들은 단순히 무엇을 믿어야 하는지를 가르치지 않고 그들의 믿

음에 대한 증거를 제시했다.

이 점은 43절이 분리된 문장이 아니라는 것을 깨닫지 못하면 놓치기 쉽다. 사도들의 가르침(42절)은 기적과 기사(43절)에 의해 검증되고 확인되었다. 히브리서 2장 3-4절에 따르면, 초대교회에서의 기적의 목적은 사도들이 가져온 복음의 메시지의 진리를 청중들에게 보기 위함이다. 성경 전체를 조사해 보면, 기적은 역사상 무작위로 일어나지 않으며, 역사 전체 속에서 골고루 등장한다. 예를 들어, 하나님이 새로운 사자들을 세상에 보내실 때 몇 곳에서 집중적으로 일어난다(성경적 계시는 기적이 일어난 세 번의 시대를 보여 준다 - 모세와 출애굽; 유배 전의 엘리야와 선지자들; 예수님과 사도들). 43절에서 중요한 것은 사도들의 가르침 속 진리에 대한 증거를 사람들이 받아들였다는 것이다. 그리하여 그들은 가르침대로 헌신했다.

"그들은 교제에 … 힘썼다"(42절). 교제와 봉사는 그냥 이루어지지 않았다. 그들은 열심히 수고했다.

• 날마다 모였다. '날마다'(46절), 그들은 서로 매일의 삶에 참여했다. 일요일에만 만난 것이 아니라, 시간을 내어 지속적으로 함께 모였다.
• 그들은 "모든 물건을 서로 통용"(44절)했다. 그들의 교제는 영적일 뿐만 아니라 '경제적'이었다. 그들은 다른 형제자매들이 시

간과 마음에 대한 요구뿐만 아니라 자원에 대한 요구에도 반응했다. 사람들은 자신의 필요를 위해 실용적이고 재정적이고 물질적인 도움을 받았다. - "또 재산과 소유를 팔아 각 사람의 필요를 따라 나눠 주며"(45절).

2. 초대교회는 '매일' 모여 교제했다. 당신은 다른 그리스도인들과 매일 교제하고 있는가? 이것은 가능한 일인가? 가능하다면 이유는 무엇인가? 반대로 불가능하다면 그 이유는 무엇인가?

   그룹과 토론하라.

3. 초대교회가 어떻게 예배를 드렸는지, 그리고 어떻게 다른 사람들을 전도했는지에 대해 무엇을 알 수 있는가? 초대교회의 모습을 통해 배워야 할 것은 무엇인가?

   • 예배는 비공식적이고 동시에 공식적인 면을 모두 지녔다. 그것은 가정과 성전 마당에서 모두 일어났다. 교회는 소그룹 모임(46절에서 "집에서 떡을 떼며")과 대규모 그룹 모임(46절에서 "성전에 모이기를 힘쓰고")이 있었다.

- 교회는 주님의 만찬을 행했다. "떡을 떼며"(42절).
- 전반적인 기쁨의 영이 있었으며(46절에는 "기쁨과 순전한 마음으로", 47절에는 "하나님을 찬미하며") 이것이 그들의 모임에 배어 있었다.
- 경건하고 즐거운 시간이었다. 소그룹 예배에서 강조점은 기쁨과 즐거움(46절)이지만, 큰 그룹에서는 경외심에 중점을 두는 점에 유의하라(43절).
- 교회는 기도로 시간을 보냈으며, "기도에 헌신했다"(42절).

다른 이들에 대한 그들의 증언은 역동적이었다. 교회는 효과적으로 전도했고 새로운 신자들이 매일 늘어났다. - "주께서 구원받는 사람을 날마다 더하게 하시니라"(47절).

- 증거는 비그리스도인들에게 매력적인 공동체 생활을 기반으로 했다. "온 백성에게 칭송을 받으니"(47절). 이것이 초대교회가 모든 비그리스도인들에게 사랑을 받았다는 의미는 아니다. 많은 박해가 있었지만 초대교회는 지역 사회에서 외부의 관찰자들이 거부할 수 없는 매력 있는 모습으로 복음을 증거했다.
- 교회 중심의 전도였다. "더해진 구원받은 사람들"은(47절) 교회에 포함되었다.

4. 영국 신학자 레슬리 뉴비긴(Lesslie Newbigin)은 이렇게 말한다.

> 복음이 단지 이론이나 세계관이나 또는 단지 종교로 선파되는 것
> 으로는 사회를 위한 공적 진리가 되지 못한다. 사회 안에서(교회에
> 서) 구체화될 때 복음은 공적 진리가 된다. 교회는 그리스도 "안에
> 거주하는 동시에 세상의 삶" 가운데 참여해야 한다.[72]

그의 평가에 동의한다면 이유는 무엇인가? 동의하지 않는다면 이유는
무엇인가? 예를 들어 보라.

> 뉴비긴(Newbigin)은 *The Gospel in a Pluralistic Society*(다원주의 사회의 복
> 음)을 저술했다. "정치와 경제 세계에 대한 기독교적 공격을 요구
> 하는 사람들은 종종 공격의 목적이 권력의 손잡이를 장악하고 통
> 제하는 것이라고 말한다. 우리는 그런 많은 성공적인 혁명을 겪었
> 으며 대부분의 경우 압제자와 억압받는 사람들이 역할을 교환하
> 며 일어났다.
>
> … 왕좌는 흔들리지 않았다. 단지 점유한 사람들만이 달라졌을
> 뿐이다. 그렇다면 왕좌는 어떻게 흔들리게 되는가? … 오직 복음
> 의 능력만으로 가능하다. 말씀으로 선포되고 실천으로 구현된 복
> 음을 통해서이다.
>
> … 로마제국의 시스템으로 구현된 사탄의 권세에 대한 교회의

승리는 권력의 손잡이를 장악함으로써 이루어진 것이 아니다. 그것은 희생자들이 콜로세움에서 무릎을 꿇고 예수님의 이름으로 황제를 위하여 기도했을 때 이루어진 것이다."[73]

— 팀 켈러의 핵심 메시지
산 위에 있는 동네의 의미가 무엇이며, 대안적 도시의 역할을 찾아보라.

— 그룹 토론

5. 무엇이 당신에게 새로웠는가? 당신에게 무엇이 감명 깊었는가? 마음에 생긴 질문은 어떤 것인가?

    그룹과 토론하라

6. "대안 도시는 복음을 이야기한다"(An alternate city is gospel-speaking). 다른 사람들에게 예수님에 대해 이야기하는 것을 위축하게 만드는 것은 무엇인가? 어떤 사람들이 유독 당신을 위축하게 하는가? 이유는 무엇인가? 예수님에 대해 사람들에게 말하는 동기는 무엇인가?

복음은 우리 안에 여러 가지 특징들을 만든다.

- 첫째, 하나님의 사랑이 우리에게 복음을 나누도록 강권하신다.
- 둘째, 우리는 이미 하나님의 은혜를 얻었기 때문에 다른 사람들이 조롱당하거나 상처를 입을까 봐 두려워하지 않는다.
- 셋째, 다른 사람들과의 주고받음에 겸손함이 있다. 왜냐하면 우리는 오직 은혜로 말미암아 구원받았다는 것을 알기 때문이다. 우리의 뛰어난 통찰력이나 성격 때문이 아니다.
- 넷째, 우리는 누구든지, 심지어 '어려운 경우'에 대해서도 희망을 품는다. 왜냐하면 우리는 오직 은혜 때문에 구원받았기 때문이다.
- 다섯째, 우리는 사람들에게 예의 바르며 조심스럽다. 그들을 강요할 필요가 없다. 왜냐하면 그들의 마음을 여는 것은 달변이나 끈기나 개방성이 아니라, 하나님의 은혜이기 때문이다.

만일 우리가 그리스도를 위해 다른 사람들에게 접근하는 데 효과적이지 못하다면, 그 원인은 기쁨의 부족, 겸손과 온유의 부족, 또는 담대함의 부족 때문일 수 있다.

- 삶에서 복음의 기쁜 결과는 우리가 복음을 전하는 것에 대하여 커다란 에너지를 준다. 우리는 복음의 경이로움에 대해 침묵할

수 있는가? 만일 그 에너지가 없다면 우리는 회개해야 하고 그 것이 흘러나올 때까지 하나님을 찾아야 한다.

- 겸손하게 만드는 복음의 속성은 우리가 우월함 없이 다른 사람들에게 접근하도록 인도한다. 우리가 선을 통해서가 아닌 하나님의 은혜로만 구원받았기 때문에 종종 다른 사람들에게서 지혜와 긍휼을 얻을 것을 기대한다. 우리 안에 겸손과 존경이 있는가? 그렇지 않다면 우리가 전하는 복음은 효과적이지 못할 것이다.

- 복음 때문에 경험하게 되는 사랑은 다른 사람들의 거절에 대한 두려움을 제거한다. 복음 전파에 대한 담대함이 증가하고 있는가? 그렇지 않다면, 우리는 두려움이 줄어들 때까지 회개하고 복음에 대해 묵상하고 우리를 향한 하나님의 용서에 대해 생각해야 한다.

7. "당신의 행동에 일관성이 있다면 신뢰성이 생기게 된다. 복음이 당신을 바꾸고 있다는 것을 사람들이 본다면 신뢰를 갖게 될 것이다." 사람들이 당신의 삶의 방식을 알고 있는가? 당신의 공동체의 방식을 알고 있는가? 그들이 나와 공동체를 이해하지는 못하더라도 감사하고 있는가? 함께 나누어 보자.

그룹과 토론하라.

8. 남아프리카의 목사이며 교회 개척가인 프랭크 리티프(Fran Retief)는 이렇게 썼다. "그리스도 없는 사람들은 지옥에 간다 - 당신이 정말로 이것을 믿는다면 당신은 위험을 감수해야 하며, 모험을 해야 하며, 실패할 각오를 해야 한다."[74] 그의 말에 대해 어떻게 생각하는가?

그룹과 토론하라. 이 질문의 목적은 토론을 고취하는 것이다.

9. 지도력 있는 선교학자인 피터 와그너(Peter Wagner)는 이렇게 썼다. "새로운 교회를 개척하는 것은 하늘 아래 가장 효과적인 전도 방법이다."[75] 새로운 교회를 시작하는 것이 사람들을 전도하는 좋은 방법인지 생각해 보라.

종종 새롭게 시작하는 교회는 사명감이 강하다. 더 많은 그리스도인들이 리더십의 자유를 누릴 수 있다. 복음을 전파하는 창조적 수단이 된다. 따라서 새로운 교회는 새로운 세대, 새로운 거주자, 새로운 사람들 그룹에 가장 잘 도달할 수 있다.
연구에 따르면 평균적인 새 교회는 동일한 크기의 오래된 교회보다 훨씬 높은 비율로 새로운 사람들을 교회로 이끈다. 왜 새 교회를 시작하는가? 라일 샬러(Lyle Schaller)는 말한다. "교회 개척을 최우선 과제로 삼는 가장 중요한 단서는 이것이 교회에 다니지 않는 사람들에게 복음을 전하는 가장 효과적인 수단이기 때문이다. 많은 연구결과들이 보여 주는 바는 새로운 교회의 새로운 신자들의 60-80퍼센트는 그 전까지 예배에 적극적으로 참여하지 않았던 사람들이다. 대조적으로, 많은 기성 교회들의 새로운 장년 새가족은 대부분 다른 교회에서 옮겨온 사람들이 구성한다."[76]

신약의 전도적 도전들 중 많은 것들이 교회를 개척할 것을 요구한다는 사실에 주목하라. 예를 들어 지상 명령(마 28:18-20)은 '제자를 삼는' 것이 아니라 '세례를 베풀라'는 명령이다. 사도행전과 다른 곳에서 세례란 책임감과 경계선을 지닌 예배 공동체에 들어온다는 것을 분명히 한다(행 2:41-47 참조).

역사상 가장 위대한 선교사였던 바울은 다소 단순한 두 가지 전략을 가지고 있었다. 첫째, 그는 지역에서 가장 큰 도시로 갔고(행 16:9, 12절 참조), 둘째, 그는 각 도시마다 교회를 세웠다(딛 1:5 - "각 성에 장로들을 세우게 하려 함이니"). 바울이 그렇게 한 후에는 한 지역에서 복음을 '편만하게 전하였'으며, '이 지방에 일할 곳이 없다'(롬 15:19, 23절)고 말했다. 이것은 바울이 두 가지 기준이 되는 원칙을 가졌다는 것을 의미한다. 지역에 영향을 미치는 가장 좋은 방법 중 하나는 주요 도시를 통하는 것이고, 도시에 영향을 미치는 가장 좋은 방법 중 하나는 교회를 세우는 것이다. 이것을 성취한 후에, 그는 계속 전진했다. 다른 나머지 일어나야 할 일이 뒤따를 것을 알고 있었다.

10. "그리스도가 지상에 다시 오실 때, 현세는 완전히 끝이 나고, 내세는 완전히 도래할 것이다. 그 사이에서 우리는 사실상 두 세대 사이를 살고 있다 - 이것은 두 세대가 중첩(overlap)하는 시대이다." 우리가 내세에 충분히 초점을 두지 않을 때 생기는 오류는 무엇인가? 왜곡된 감정이나, 잘못된 습관들에 대한 결과는 무엇인가? 우리가 현세에 충분히 초점을 두지 않을 때는 어떤 잘못들이 생기는가?

존 스토트(John Stott)는 다음과 같은 적용들을 제안했다.[77]

개인적 변화와 성장
성령님은 이미 우리 안에 들어와 계시고, 우리의 타락한 본성과 이기성을 이기게 하신다. 그래서 우리는 누구나 변화될 수 있고, 노예화된 습관이 극복될 수 있다는 확신을 가져야 한다.

다른 한편으로, 타락한 본성은 우리 안에 남아 있으며 다가올 시대 전까지 결코 사라지지 않을 것이다. 우리는 익히 알고 있는 답변을 피해야 하며 '성급한 해결'을 기대해서는 안 된다. 성장하는 사람들과 함께 인내심을 갖고 행동해야 한다. 퇴보나 실패에 대한 경멸이나 두려움, 성급함이 없어야 한다.

교회 변화와 성장

교회는 하나님 나라의 권능의 공동체이다. 그리스도가 현재를 다스리시기 때문에 우리는 하나님이 교회의 부흥과 변화를 가져올 수 있다고 확신한다.

다른 한편으로, 실수와 악은 다가올 시대까지 교회에서 완전히 근절되지 않을 것이다. 우리는 불완전한 교회를 가혹하게 비판해서는 안되며, 발견된 실수나 단점을 보고 이 교회에서 저 교회로 성급하게 옮겨다니지 않아야 한다.

사회 변화

그리스도께서 현재를 다스리시기 때문에, 사회적 조건과 공동체를 변화시키는 하나님의 능력을 사용할 것으로 기대할 수 있다.

반면, 다가올 시대가 될 때까지는 '전쟁과 전쟁의 소문'이 있을 것이다. 이기심, 학대, 테러 및 억압은 계속될 것이다. 기독교인들은 정치에 대한 환상을 품거나 유토피아의 꿈을 기대하지 않는다. 다가올 시대는 그리스도인들이 지상에서 정의를 가져올 정치적 또는 사회적 의제를 신뢰하지 않을 것임을 의미한다.

몇 개의 예

- 다가올 세대에 초점을 맞추지 않는다면, 우리는 다른 목표들의 뒷전이 될 것이다.

  다른 것들 - 아마도 아주 좋은 것들이 - 이 우리에게 너무 중요한 것이 된다. 우리는 쉽게 가족, 일, 도덕적 성취와 같은 것을 하나님보다 중요하게 여길 수 있다. 우리가 그것들에게서 기쁨이나 희망을 찾을 때 그것들은 삶의 중심이 되어버리고 우리 삶은 뒤틀어진다.

  - 지금 세대에 초점을 맞추지 않는다면, 일치의 중요성을 망각할 수 있다.

  요한복음 17장에서, 예수님은 직접적으로 그리스도인의 하나 됨이 하나님을 세상에 나타내는 방법이라고 하셨다. 이것이 의미하는 바는 가시적인 일치야말로 하나님의 영광을 세상에 드러내는 중요한 수단이라는 것이다.

  - 지금 세대에 초점을 맞추지 않는다면, 사회 정의의 중요성을 망각할 수 있다.

  하나님 나라의 목적이 죄의 모든 결과들을 치유하는 것이라면 - 영적, 심리적, 사회적, 신체적으로 - 우리는 모든 영역의 와해와 싸우기 위해 우리의 은사와 자원들을 의도적으로 사용해야 한다.

  - 우리가 지금 세대에 초점을 맞추지 않는다면, 증거의 중요

성을 망각할 수 있다.

고린도후서 5장 19-20절은 이렇게 말한다. "곧 하나님께서 그리스도 안에 계시사 세상을 자기와 화목하게 하시며 그들의 죄를 그들에게 돌리지 아니하시고 화목하게 하는 말씀을 우리에게 부탁하셨느니라. 그러므로 우리가 그리스도를 대신하여 사신이 되어 하나님이 우리를 통하여 너희를 권면하시는 것 같이 그리스도를 대신하여 간청하노니 너희는 하나님과 화목하라." 이 세대에 우리의 목적을 설명하는 놀라운 구절이다. 우리는 그리스도의 사신들이다.

인도자를 위한 지침
6과

직업
동산을 경작하기

— 성경 본문 연구

마태복음 6장 19-21절을 소리내어 읽으라. 그리고 아래의 질문들을 미리 살펴봄으로써 모임을 인도할 준비를 하라.

1. 왜 예수님은 '보물을 땅에' 쌓기보다 '보물을 하늘에' 쌓으라고 말씀하셨는가(20절)? "네 보물 있는 그곳에는 네 마음도 있느니라"고 예수님이 말씀하신 것의 의미는 무엇인가?

문자 그대로 예수님은 이 세상의 보배를 보전하는 것이 아니라 하늘 보물을 소중히 여기라고 말씀하신다. 모든 사람은 자신만의 보물을 가지고 있다. 무엇인가를 소중히 여긴다는 것은 그것을 바라보며 그것의 아름다움과 가치로 마음이 채워진다는 뜻이다.

무엇이 보물이든지 - 그것이 하나님이 아니라면 - 그것은 당신을 노예로 만들 것이다. 당신은 그것을 위한 어떤 대가를 지불해야 한다. 당신은 그것을 얻기 위해 무엇이든 한다. 예를 들어, 돈이나 물질적인 것에 대한 지나친 의존은 영적으로 눈이 멀게 하는 독특한 효과를 가진다. 또한 세상의 보물은 실제로 당신에게 그들이 약

속한 안전을 주지는 않는다. 죽음, 비극, 부서진 관계 등 모든 일들을 막을 수는 없다.

당신은 소중하게 여기는 것에 자신을 바친다. 진정한 구원, 희망, 인생의 의미가 되는 것들이 무엇이든지 간에 자신을 너무나 쉽게 바친다. 진정한 희망이 외모, 경력, 지위, 격려에 있다면, 그것을 얻기 위해 돈을 쉽게 바칠 것이다. 만일 예수님이 당신의 진정한 희망이라면, 당신은 예수 그리스도의 일하심을 위해 쉽게 돈을 사용할 것이다.

예수님은 물으신다. "나를 위해 모든 것을 잃고자 하느냐? 내가 너의 삶을 완전히 다스리기를 기뻐하느냐? 내가 너의 삶에서 의미와 정체성과 안전의 새로운 원천이 되기를 기뻐하느냐? 나는 너의 보물이냐?"

2. 당신이 아는 대부분의 사람들은 그들의 시간과 에너지와 돈을 어떻게 사용하는가? 당신이 가장 쉽고 즐겁게 돈을 사용하는 곳은 어디인가?

돈은 우리 마음의 우상을 식별하는 가장 좋은 방법 중 하나이다. 돈이 우상이 아니더라도, 돈은 우리의 우상이 어디에 있는지를 보여 줄 것이다. 우리는 마음이 가장 사랑하고 존경하고 예배하며 구원을 위해 의지하는 것이 무엇인지를 발견할 수 있다. 가장 쉽게,

즐겁게 돈을 쓰는 곳이 무엇인지 생각해 보라.

그룹원들과 아래 내용을 함께 생각해 보고 나누어 보아도 좋다.

- 당신의 돈의 몇 퍼센트가 다음의 일들로 흘러가는가?
  - 그리스도인 사역: 교회, 그리스도인 사역자들, 다른 사역들
  - 경제적 필요가 있는 가족이 아닌 사람들

- 이 비율이 당신의 마음과 보물에 대해 무엇을 말하는지 생각해 보라.
- 올해 당신의 소득의 몇 퍼센트를 드릴지 결정하라. 헌신적인 수준이 되게 하라. 당신의 생각 속에서 당신이 어떤 희생을 감수할 것인지 확인하라.
- 하나님을 영광스럽게 하는 사역들에 당신의 헌금을 어떻게 분산할지 기도하며 결정하라.
- 어떤 간격으로 줄 것인지 결정하라. 당신이 계획을 잘 지키는지 기록하는 방법을 계획하라.

3. 당신과 그룹원들은 어떻게 '보물을 하늘에' 쌓아두는 삶을 살겠는가?

다음의 예가 있다.

- 기쁨으로 돈과 재산을 희생적인 비율로 흘려보내는 것
- 매일의 라이프스타일에 희생을 가져올 정도로 베푸는 것 - 우리는 옷, 여행, 집 등에 얼마나 많은 돈을 쓰는가
- 재정적으로 안전한 미래를 보장하기 위해 잉여의 부를 발생시키기보다는 다른 사람들에게 희생적으로 베푸는 것
- 항상 우리의 친구들, 이웃, 가난한 사람들, 우리 교회, 도시를 도울 수 있는 기회를 찾는 것
- 하나님은 만물의 주인이며, 우리는 그분의 재산을 맡은 청지기라는 것을 기억하는 것
- 우리의 자원을 개인 목적을 위해서가 아니라 덜 가진 사람들을 보호하기 위해 사용하는 것
- 과부, 가난한 자 및 이민자 등 힘 없는 사람들을 진정으로 돌보는 것
- 재산과 소유가 공동체를 세우는 데 사용되고 개인적 성취를 위해 사용되지 않는 구속된 사회의 모델을 세상에 보여 주는 것
- 개인의 부와 지위, 위로 등을 증가시키기 위한 수단이 아닌, 하나님을 공경하는 방식으로 우리의 직업을 선택하고 생각하며 일하는 것

4. 재물을 하늘에 쌓는 한 가지 확실한 방법은 이 땅에 있는 우리의 재물
   에 대해 기뻐하고 생각하고 감사하는 것이다. 우리는 부분적으로 이것
   을 안식일에 한다. 뉴욕 타임즈에 실린 "안식일을 회복하라"는 글은 이
   렇게 말한다.

> 직업과 우리의 관계가 제대로 정립되지 않았다는 무수한 증거가
> 있다. 수천 년 동안 일중독을 합리적으로 관리해 온 기관을 대표해
> 서 논증하도록 해 보자. 대부분의 사람들은 일을 쉰다는 것이 단지
> 일을 안 하는 것이라고 잘못 알고 있다. 안식일의 창시자들은 안식
> 이 훨씬 복잡한 일임을 알았다. 당신은 쉽고 편하게 삶을 단순화할
> 수 없다. 이것이 청교도들과 유대인들이 안식일에 대해 까다롭게
> 의도적이었던 이유다. 규칙은 성실한 사람들을 고문하기 위해 존
> 재하는 것이 아니다. 끊임없이 반복되는 노력의 여정을 중단하는
> 것은 놀랍게도 강력한 의지의 작용이 필요하다. 그런 의지는 습관
> 과 사회적 제재를 통해서 강화되어야 한다.[78]

이 인용구는 규칙적인 안식이 엄청나게 의도적인 훈련 없이는 이루어지
지 않는다는 것을 설명한다. 안식일을 준수하도록 우리에게 도움이 될
수 있는 실제적인 습관과 유용한 실천들에 어떤 것이 있는지 토론하라.

시간을 가지고 무엇을 할지 결정하라.

묵상 휴식을 취하라.
- 기도와 예배는 어떤 관점에서든 안식일의 중요한 부분이다. 내면의 휴식을 위한 기초가 된다. 삶의 소진에서 벗어난 휴식을 제공한다.

여가 휴식을 취하라.
- 청교도들과 사람들은 많은 돈과 시간과 노력이 필요한 여가에 대해 회의적이었다. 여가가 실제로 생활을 재충전하도록 주의하라.

미적 휴식을 취하라.
- 우리를 새롭게 하고 활력을 주고 아름다운 것으로 만드는 하나님의 창조물을 더 알아갈 필요가 있다. 야외 경험을 의미 할 수 있다. 예술, 즉 음악, 드라마, 시각 예술 등을 의미할 수도 있다.

비활동 휴식을 취하라.
- 우리 대부분은 무계획적이고 자유로운 일정한 시간을 매주 필요로 한다. 무엇이든지 하고 싶은 것을 할 수 있는 시간을 가져야 한다. 안식의 시간이 여가와 사역 활동들로 채워진 바쁜 시

간이라면 충분하지 않다. 애쓰는 것을 멈추고 쉬는 시간이 있어
야 한다.

안식에 있어 거시적 및 미시적 리듬과 계절을 중시하라.
이스라엘의 안식일 주기는 안식일만 있는 것이 아니라, 안식년과
희년(7번째 안식년)이 있었다. 이것은 오늘날의 노동자들에게 중요한
통찰을 준다.

불충분한 안식의 시간을 자발적으로 취하는 때가 있다. 예를
들어, 의사가 되고자 한다면, 레지던트 기간을 거쳐야 한다. 다른
많은 직업들도 초기 훈련에 강도 높은 근무 시간을 요구한다. 또한
당신이 창업하거나 주요한 프로젝트를 맡는다면 이와 비슷한 일
이 생긴다. 우리는 때로 이런 순간에 속하게 된다. 그때 우리는 설
명할 수 있어야 한다. 그렇지 않으면 안식일 결핍의 라이프스타일
로 굳어질 수 있다. 안식일 결핍의 시간에, 기도, 성경 공부, 예배
의 리듬이 흐트러지지 않도록 해야 한다.

주중 사역의 나머지 부분에도 안식일을 주입하라.
만일 안식일에 내면의 쉼을 개발한다면, 앞으로의 당신은 더 이상
'바쁨'에 쫓기지 않을 것이다.

안식일 율법과 연결되어 있는 것이 이삭줍기다. 이 율법에 따르
면, 밭의 주인들은 밭의 가장자리는 추수해서는 안 된다. 밭에 일

정 부분의 곡식은 가난한 이들을 위해 남겨야 했다. 그러므로 안식일은 생산성을 의도적으로 제한하는 것이다. 이는 하나님을 신뢰하는 하나의 방법이며, 당신의 자원을 잘 관리하는 방법이다.

우리는 의도적으로 하루 혹은 일주일의 목표를 설정할 수 있다. 안식의 목적은 더 많은 일을 하기 위해서 원기를 회복하는 것이 아니다. 또한 즐거움을 추구하는 것도 아니다.

안식일의 목적은 하나님을 즐거워하는 것이다. 삶 자체를 즐거워하는 것이다. 주님의 도우심으로 이 세상에서 이룬 것을 즐거워하는 것이다. 복음 안에서 당신에게 주어진 자유를 즐거워하는 것이다. 그 어떤 물질적 대상이나 인간의 기대라는 예속에서 해방된 자유이다. 안식일은 앞으로 올 모든 미래 구원의 표지이다.

— 팀 켈러의 핵심 메시지
우리의 일터 속에서 그리스도인으로 살아간다는 것은 무슨 의미일까?

— 그룹 토론

5. 팀 켈러의 메시지 중 새롭게 다가오거나 특별한 영향을 준 것은 무엇
인가?

   그룹과 토론하라

6. 일은 좋으며 존엄한 것이라는 것을 가르쳐 주는 성경적 가르침들의
실제적인 시사점은 무엇인가?

   고대 그리스인들은 물질 세계(육체 노동, 또는 유급 노동)를 품위를 해하
   며 수치스러운 것으로 보았다. 그들은 일하지 않고 관조하는 삶이
   가장 인간적이며, 고상하며, 이상적인 삶이라고 생각했다. 일을 순
   전히 부담과 저주로 여겼다.
      불행히도, 이런 강한 사조가 우리에게 전수되었고, 일의 등급
   (계급)을 만들었다. 철학자라는 '더 고상한' 일부터 서비스 직업과
   육체 노동까지의 것들이다.
      오늘날 사람들은 높은 지위와 높은 임금을 받는 일을 하는데서
   자신의 존엄성이나 정체성을 찾곤 한다. 많은 사람들은 자신이 좋
   아하지 않거나 잘하지 못하는 직업을 택하기도 하는데, 그 이유는

단지 더 높은 지위의 직업이기 때문이다. 이러한 생각은 교회에도 만연하다. 많은 교회들에서 전임 사역은 하나님을 정말로 기쁘시게 하는 유일한 길이라고 암시적, 혹은 명시적으로 여긴다. 반면에 다른 모든 직업들은 단지 세속 직업일 뿐이라고 본다.

하지만 일에 대한 성경적 관점은 이런 생각에 종지부를 찍는다. 우리의 모든 일은 하나님이 주신 중요한 것이다.

7. 하나님과 직업을 결코 분리해서는 안 된다는 성경적 가르침은 실제로 어떤 의미가 있는가?

기독교는 단순히 개인의 영혼을 구원하기 위해 붙잡아야 할 신념의 집합이 아니다. 기독교는 세상의 모든 것을 해석하는 구별된 이해방식이다. 그렇게 때문에 인간의 본성, 옳고 그름, 정의, 아름다움 및 인격에 대한 뚜렷한 관점을 제시한다. 당신이 우주가 우연히 발생했다고 믿는다면 - 이는 사랑과 구원의 하나님에 의해 창조되었다고 보는 것과 반대의 입장인데 - 그렇다면 이러한 근원적인 이슈들에 대해 다른 관점을 갖게 될 것이다. 당신의 일상생활이 달라진다. 어떻게 일하고 어떻게 일에 대하여 생각하는지가 확연히 달라질 것이다.

모든 일들이 어떠한 세계관으로 이루어진다는 것은 사실이다.

예를 들어, 눈에 보이는 세상이 전부라고 믿는다면, 당신에게 모든 도덕적 가치들은 상대적이며 내세는 없다. 이러한 이해는 당신이 어떻게 일하는지에 영향을 미친다.

그리스도인들이 전혀 다른 세계관으로 움직이는 직업 세상 속으로 들어갈 때 문제가 발생한다. 그리스도인에게는 이런 세상 속으로 들어가서 지배적인 패러다임을 따라 일하고 싶은 유혹이 따른다. 복음이 그들의 일 가운데 어떤 기독교적 구별성을 주는지 생각하지 않고 말이다.

성경은 우리에게 예수님이 삶의 모든 영역에서 주인이심을 선포한다. 단지 우리의 내적인 삶만이 아니다. 복음은 우리의 일을 포함해서 우리의 일상 과업을 수행하는 것과 관련된 동기, 태도, 방법 등에 영향을 미친다. 다시 말해 하나님은 우리의 일에 중요한 역할을 하신다.

8. 동료들에게 그리스도에 대해 말하는 것 외에, '복음을 일터로 가져가는' 것은 어떤 의미인가? 당신이 그리스도인으로서 구별된 모습으로 일터에서 살아가는 비전을 상상하라.

직장에서 그리스도인이 된다는 것은 단지 정직한 행동을 하거나 동료에게 친절한 것보다 더 많은 것을 포함한다. 그것은 심지어 직장에서 개인 전도를 하거나 성경 공부 모임을 하는 것보다 더 큰 의미를 갖는다. 복음과 하나님의 주되심이 모든 직업 생활 가운데 갖는 의미를 생각해 보는 것은 중요한 것이다.

아래는 여러 가지 그리스도인이 일에 관해 가져야 할 의미와 적용점들이다.

- 더 높은 직무 만족도를 갖고 일한다. 왜냐하면 우리의 직업은 우상이 아니기 때문이다.
- 업무에 있어 정직성과 진실성을 보여 주며 다른 직원, 고객 또는 지역 사회를 통해 자신을 유익하게 하기 위해 원칙을 희생하지 않는다.
- 귀 기울여 듣고, 공동체를 세우고, 환대를 베풀고, 겸손하다.
- 즐거움을 늦추고 업무에 자제력과 규율을 보여 주려고 노력한다. 단기적인 이익뿐만 아니라 모든 사람의 장기적인 이익을 바라본다.
- 단지 돈을 벌기 위한 것이 아닌, 공익을 증진하고 자기 은사에 일치하는 직업을 찾는다.
- 경제적 정의를 지향하는 태도를 갖는다. 순전히 경제적인 관점으로만 사람들을 평가하지 않는다. 시장에서 지불하는 최소 한도로 사람들에게 급여를 지불하지 않는다. 바라기는 노동자의 전반적인 복지를 증진시켜서 그들이 직업적으로만이 아니라

개인적으로 번영하는 것을 기대한다.

- 광고나 홍보를 정직하게 한다. 물건(혹은 제품)을 알리는 데 정직하다. 소비자들의 최악의 욕망이 아니라 최선의 욕망을 채운다.
- 사람들과 지역 사회에 도움이 되는 제품을 생산한다. 우리의 바람은 회사가 더 넓은 지역 사회와 이웃이 번성하도록 돕는 것이다.
- 과로하지 않으며 게으르지 않는다.

9. 마태복음 11장에서, 예수님은 "쉬게 하리라"고 약속하신다(28절). 예수님께서 복음 안에서 주시는 깊은 안식은 우리와 직업의 관계에 어떤 변화를 가져올 수 있는가?

그리스도 안에서 우리의 일에 무엇이 일어나는지를 보다 깊게 파악하려면 마태복음 11장 28-30절을 보라. 예수님은 모든 사람을 부르실 때, 우리가 "수고하고 무거운 짐 진" 것을 아시며 "쉬어야 한다"(28절)는 것을 아신다. 30절에서 예수님은 쉼의 방법을 제시하신다. '짐'과 '멍에'! 물론 이것은 짐승에게 짐을 싣는 장비이다. 당시에 이것은 노예와 힘든 노동, 그리고 수고의 상징이었다. 어떻게 멍에가 깊은 피곤함의 문제에 대한 해결책이 될 수 있는가? "나는 마음이 온유하고 겸손하니 나의 멍에를 메고 내게 배우라 그리하면 너희 마음이 쉼을 얻으리니"(29절).

예수님은 우리에게 쉼을 얻기 위해 자신의 모습을 배우라고 말씀하신다. 오직 예수님 안에 근거한 정체성, 의미, 중요성을 가질 때에만 우리 영혼은 깊은 쉼을 누리게 될 것이다. 이것은 단순히 일을 뛰어넘어 우리의 일 속에 예수님과 함께 거하는 것이다.

왜인가? 오직 예수님만이 우리가 안식할 수 있는 완성된 일을 주실 수 있기 때문이다. 기억하라. 그리스도인은 단지 예수님을 시인하거나 모방하거나 순종하는 사람이 아니다. 그리스도인은 예수님이 완성하신 일 가운데 참된 안식을 누리는 사람이다.

일에서 안식을 누리는 것이 아니다. 우리는 반드시 이런 깊은 영적 안식을 가져야 한다. 그렇지 않으면 무엇으로도 치료할 수 없는 고단함을 경험할 것이다. 당신이 쉬어야 하는 때조차 편안히 쉴수가 없다. 많은 사람들이 엄청난 노력을 기울여서 일이 만족스럽고, 이익이 되고, 충족적이기를 바란다. 오직 우리가 복음의 깊은 안식을 얻을 때에만 우리는 99퍼센트에 해당하는 - 충족도 별로 없고 돈도 많이 안 되는 - 직업으로 행복한 삶을 살아갈 수 있다.

한가한 시간과 휴가가 치료하지 못하는 깊은 고단함의 표시들을 파악하는 법을 배우라. 다음과 같은 질문들을 스스로에게 던지라.

• 나는 일을 너무 중요하게 여기고 있는가? 일이 나에게 우상이

지는 않은가?

- 나는 돈, 지위, 통제를(자유, 여가/만족, 자존감을 얻기 위한 수단으로서) 너무 중요하게 여기고 있는가? 그것들이 우상은 아닌가?
- 나에게 은사나 재능이 없는 일을 직업으로 삼았는가? 왜 이 직업을 선택했는가?
- 다른 영역의 죄들(탐심, 교만, 복수심, 두려움 등이)이 이 특정한 직업 환경을 더 참담하게 만들고 있는가? 고칠 수 없게 만들고 있는가? 나는 새로운 직업을 필요로 하는가?

10. "당신은 직장이 복음을 공유해야 할 곳이면서 동시에 복음이 우리가 일하는 방식을 바꾸어 놓는 곳이어야 한다." 이 말이 당신의 직업 세계에 어떤 독특하고 도움이 되는 행동을 가져올 수 있을까?

그룹과 토론하라.

— 홈 스터디 과제 소개

과제는 프로젝트이다. 이 프로젝트를 이끌 준비를 하라. 그룹을 위해 기도하라.

인도자를 위한 지침
7과

정의
타자를 위하는 사람들

— 성경 본문 연구

누가복음 10장 25-37절을 읽으라. 그리고 아래 질문들을 미리 살펴봄으로써 모임을 인도할 준비를 하라.

1. 예수님의 가르침에 비추어 볼 때, 누가 우리의 이웃인가?

율법 교사는 예수님께 다음과 같이 말했다. "이보세요. 합리적이되세요! 이런 사람을 모두 사랑하는 것은 아니죠? 누가 내 이웃입니까?"

이에 대하여 예수님은 한 비유로 설명하신다. 사마리아인과 유대인들은 철저한 원수들이었다. 그렇지만 사마리아 사람은 다음과 같은 사실에도 불구하고 도움을 제공한다.

- 사마리아 사람이 강도들이 출몰하는 황량한 길에서 멈추는 것은 극히 위험한 일이었다.
- 사마리아 사람은 여관 주인에게 회복될 때까지 그 사람을 돌보는 데 드는 비용은 무엇이든 지불할 것을 약속했는데, 그

것은 비용이 많이 드는 일이었다.

예수님의 대답은 분명하고 충격적이다. 그것은 자비를 베푸는 모든 한계를 파괴한다. 우리는 다른 인종과 종교의 사람들, 심지어 우리가 불신할 역사적인 이유가 있는 이들에게도 도움을 주어야 한다. 위험하고 비용이 많이 드는 경우에도 도움을 제공해야 한다.

요약하면, 우리는 어려움에 처한 사람, 우리가 길에서 발견하는 사람을 말과 행동으로 사랑해야 한다. 그들은 우리의 이웃이다.

2. 가족 구성원과 그리스도인 공동체의 사람들을 먼저 도와야 하는 것은 아닌가?

물론 가족 혹은 다른 지역의 그리스도인들에 대해서 훨씬 더 깊이 개입할 것이다(갈 6:10). 그러나 예수님은 우리가 배타적이 되는 것을 금하신다. 제사장과 레위인이 어려움에 처한 사람을 피해 길 건너편으로 향하는 모습의 비유를 통해 알려 주신다. 그들이 강도 만난 이를 직적적으로 밟고 간 것은 아니지만, 그들은 외면하는 죄를 범했다. 왜냐하면 그는 그들의 길에 있기 때문이다. 마찬가지로, 우리가 사는 곳에는 누구나 '우리의 길이' 있다. 다른 사람들의 필

356

요에 대해서 배우지 않거나 어떤 방식으로든 개입하지 않는다면, 우리는 이 비유의 제사장과 레위인과 다를 것이 없다.

3. 예수님은 우리의 이웃에게 자비를 나타내는 것에 있어서 참된 동기는 무엇이어야 한다고 예시하셨는가?

예수님이 이 이야기를 유대인에게 말씀하셨다는 것을 기억해야 한다. 유대인을 비유에 등장시켰을 때 놀라운 반전이 생긴다. 만일 이 비유가 이렇게 끝나면 어떠하겠는가? "사마리아인이 맞아서 반쯤 죽게 되어 길에 누워 있었다. 한 사람이 와서 그를 보고 긍휼히 여기고 돌보아 주었다"라고 말이다. 듣는 사람들은 이렇게 말했을 것이다. "말도 안 됩니다! 나는 그런 일을 절대 하지 않을 겁니다! 사마리아인은 우리를 미워하고 우리는 그들을 혐오합니다. 우리는 원수 사이입니다."

대신에 예수님은 듣는 사람을 거리에 피해자로 세우셨다. 그래서 비유는 이렇게 진행된다. "상상해 보라. '당신'이 맞아서 반쯤 죽게 되어 길에 누워 있었다. 만일 당신의 유일한 희망이 누군가에게 도움을 받는 것이라고 해 보자. 그 누군가는 당신에게 채무감을 느낄 관계가 아닐 뿐만 아니라 사실상 그 반대의 관계이다. 만일 당신의 유일한 희망이 당신이 짓밟을 온갖 이유를 가진 사람에게서 거저 받는 은혜인 경우를 생각해 보라."

예수님이 누가 이웃이냐고 질문하셨을 때, 율법 교사는 "자비를 베푼 자니이다"(36-37절)라고 대답했음에 주목하라. 당연히, 그는 심지어 원수에게서조차 자비가 필요하다는 것을 깨달은 것이다.

예수님은 그에게 말씀하셨다. "가서 이와 같이 하라"(37절). "네가 은혜로 구원 받았음을 안다면, 그렇다면 다른 사람들에 대한 너의 태도는 자비의 태도가 될 것이다."

당신에게 은혜 베풀 이유가 전혀 없는 사람에 의해 은혜롭게 구원을 받았다는 것을 안다면, 당신은 타인들에게 자비를 베풀게 될 것이다.

4. 다음의 인용구는 로드니 스타크가 쓴 것이다. 그는 역사학자이며 사회학자이며 기독교가 로마 제국에 확산된 이유를 연구했다. 그리스-로마 세계는 거대한 역병이나 전염병으로 여러 번 큰 타격을 받았다. 스타크가 추적한 결과 역병에 대한 그리스도인들의 반응을 통해 전통적이고 다신교적인 이교도들의 신앙을 고수하던 사람들에게 극적인 변화가 일어났다.

불경건한 갈릴리파 사람들은 [그리스도인들] 단지 그들의 가난한 자들만 도울 뿐 아니라, 또한 우리의 가난한 자들을 돕는다. 우리 사람들을 우리가 충분히 돕지 못하고 있다는 것을 모든 사람들이 안다.

-로마 황제 줄리앙(AD360년 경)[79]

[거대한 전염병 기간에] 대부분의 그리스도인들은 한량없는 사랑과 충성을 보였다. 결코 자신들을 아끼지 않았다. 위험을 감수하고, 병자들을 돌보았다. 그리스도 안에서 병든 모든 필요를 보살피고 원조했다. 많은 사람들이 다른 사람들을 돌보며 보살피다가, 질병을 얻었고 그들 대신 죽었다. [이방인들은] 전혀 반대로 움직였다. 처음에 질병이 발생했을 때, 그들은 고통 받는 자들은 멀리 보냈다. 심지어 그들의 가장 사랑하는 사람들로부터 도망쳤다. 그들이 죽기도 전에 거리에 내다버렸다.

-디오니시우스, 알렉산드리아의 주교(AD260년 경)[80]

이 글들에서 볼 때, 섬김이 타인에게 어떠한 영향을 끼쳤는가? 당신은 이와 비슷한 경험을 한 적이 있는가? 예를 들어 이야기해 보자.

이 특별한 경우에는 그리스도인들이 구원에 대한 강한 확신을 가지고 있었다. 그리고 그리스도의 십자가 희생 속에서 자신을 내어주는 섬김의 양상에 대한 확신을 가졌다. 그들은 병든 자들을 버리지 않았고, 도시에서 도망치지 않았으며, 그리스도인과 이교도를 막론하고 병자들을 돌보았다. 많은 생존자들은 그들의 생명을 교회에게 빚지게 되었다. 교회에 대한 존중이 문화 가운데 전반적으로 증가했다. 그 결과 사람들은 복음에 귀를 기울였다.

복음은 우리가 하나님의 은혜로 용서받았음을 알리는 소식이다. 또한 온 세상이 마침내 하나님의 은혜로 새로워질 것이라는 소식이다. 이것은 왜 고통을 덜어 주는 행동이 복음의 선포에 꼭 필수적인가를 보여 준다.

어떤 의미에서, 우리의 이웃에게 자비를 베푸는 것은 복음의 결과이기도 하다. 회심한 사람들로서 우리는 우리를 구원하신 그분처럼 살아야 하기 때문이다. 또 다른 의미에서, 이웃에게 자비를 베푸는 것은 그 자체로 복음 선포이다. 즉, 행동을 통해서 복음을 설교하는 것이다.

— 팀 켈러의 핵심 메시지

팀 켈러의 메시지를 통해 타인을 위한 정의를 구현해야 할 의미를 생각해 보라.

— 그룹 토론

5. 팀 켈러의 메시지가 당신에게 새롭게 다가오거나 특별한 감동을 주었는가?

　　그룹과 토론하라

6. "샬롬이 의미하는 것은 절대적으로 모든 영역에서 - 신체적으로, 관계적으로, 사회적으로, 영적으로 - 나타나는 전적인 번영이다."
어떤 실제적인 방법으로 당신과 당신의 그룹이 샬롬이 어디든지 느껴지도록 결단할 수 있겠는가? 그리고 깨어진 창조의 질서 회복을 시작할 수 있겠는가?" 당신의 그룹(또는 교회)이 당신이 속한 지역에 어떤 고유한 도움을 제공할 수 있을까?

　　창조 세계는 모든 측면에서 죄에 의해 부식되었다. 죄 때문에 우리의 몸, 우리의 관계, 사회는 부서지고 찢어진다. 조화와 일치를 유지하지 못한다. 다음의 예를 살펴보자.

개인적 우상들에게 노예가 됨

- 무엇이든지 그리스도보다 행복에 더 중요한 것이(예: 직업이나 가족) 우리의 주인이 된다.
- 샬롬이 의미하는 바는 예수님이 구주와 주님으로서 거짓 주인들의 횡포로부터 우리를 해방하시는 것이다(예: 과로, 자녀에 대한 과도한 불안 등으로부터)

문화적 우상들에게 노예가 됨

- 인간이 노력하는 모든 분야들마다 하나님 대신 다른 무엇을 만들어 낸다 - 재정 이익, 개인 권리, 행복, 인간 이성, 집단 권력 등 - 그것이 절대 가치와 목표가 된다.
- 평안이 의미하는 것은 하나님 나라의 가치들로 일을 하는 것이다. 그래서 일 가운데 구별성을 나타나는 것이다.

사회적 우상들에게 노예가 됨

- 세상은 권력, 위로, 성공, 인정에 높은 가치를 부여한다.
- 하나님의 나라는 힘과 성취를 통해서 세워지지 않는다. 오히려, 십자가를 통해서 이루어진다. 하나님 나라는 강자가 들어가는 것이 아니라, 자신의 약점과 은혜의 필요성을 인정하는 사람들이 들어간다. 이것은 가난한 사람, 힘이 없는 사람, 주변인에 대한 우리의 관점을 완전히 달라지게 한다. 샬롬이 의미하는 것은

평화와 사회 정의를 위해 일하는 것이다.

7. 스리랑카의 벤자민 페르난도(Benjamin Fernando)는 다음과 같이 썼다.

> 개인 복음과 사회 복음이 분리되어 별개로 존재하는 것이 아니다. 오직 한 가지 복음이 있을 뿐이다 - 구원된 사회 안에 구원된 개인이다. 기독교에서 사회 문제들은 불교나 힌두교보다 훨씬 중요하게 여겨진다. 카르마와 환생의 이론은 이생의 사회적 불평등에 대해 제법 타당한 설명을 제공한다. 그것은 한편으로 전생의 결과이지만 다른 한편으로 다음 생에서 보상될 수 있다는 것이다. 그러나 그리스도인에게는 오직 이 땅에서의 삶이 한 번 존재한다. 그러므로 사회 문제는 지금 다루어야 한다. 그렇지 않으면 영원히 다룰 수 없다.[81]

"사회 문제는 지금 다뤄져야 한다. 그렇지 않으면 영원히 다룰 수 없다."는 그의 평가에 동의하는가? 왜 그런가? 또는 왜 아닌가?

그룹과 토론하라.

8. 성경은 가난의 이유에 대해서 최소한 세 가지 요소(불의와 억압, 환경적 재
   앙, 개인적 실패)를 설명한다. 당신은 이에 동의하는가? 성경에서 또는 당
   신의 경험에서 그런 예들을 찾을 수 있는가?

   성경의 지혜 문학서는 가난의 근본 이유에 대해 놀라울 정도로 균
   형 있고 섬세한 관점을 제공한다.

   • 불의와 억압 : 이것은 개인을 가난하게 만드는 불의한 사회적
     조건이나 처우를 가리킨다. 예를 들어, 권력자에게 특혜를 베푸
     는 사회 구조(레 19:15), 고금리 대출(출 22:25-27).
   • 환경 재난 : 이것은 개인을 가난하게 만드는 자연 재해 또는 상
     황을 가리킨다. 성경에는 이러한 예가 가득하다. 예를 들면 창
     세기 47장의 기근이 있다.
   • 개인적 실패 : 가난은 개인적인 죄나 실패에 의해 생기기도 한
     다. 예를 들어, 게으름(잠 6:6-11), 무절제(잠 23:21).

   위의 세 가지 요소는 자주 서로 얽혀 있다. 이 세 가지는 긴급
   한 상황이 아니라면 별개의 가난 범주들을 구성하지 않는다. 예를
   들어, 태풍이 불면 사람들이 집을 잃거나 긴급 단기 구호를 필요로
   하게 된다. 그렇지만 대개의 경우 세 가지 요소들은 보통 상호 공
   존한다.

반면, 성경은 근면과 검소를 강하게 권면한다. 이것은 거의 언제나 어느 정도의 부로 이어진다. 또한 성경은 사유 재산의 소유를 인정하고 권장한다. 도둑질에 대한 많은 금지 조항들을 제공한다.

다른 한편으로, 성경은 사회의 상대적 경제적 평등을 강조한다. 근면이 꼭 물질적 번영으로 연결되는 것은 아니다. 상대적 평등은 부분적으로 개인의 관대함을 통해 추구되지만, 이에 국한되지는 않는다. 이삭줍기 율법과 안식일 및 희년은 이익 추구와 소득 산출에 제한을 가하는 사회적 구조였다.

구약성경은 가난한 자에 대한 사회 불의를 책망하는 선지자적 선포로 가득하다. 아모스 5장 11-12절은 이렇게 말한다. "너희가 힘없는 자를 밟고 그에게서 밀의 부당한 세를 거두었은즉 너희가 비록 다듬은 돌로 집을 건축하였으나 거기 거주하지 못할 것이요 아름다운 포도원을 가꾸었으나 그 포도주를 마시지 못하리라. 너희의 허물이 많고 죄악이 무거움을 내가 아노라 너희는 의인을 학대하며 뇌물을 받고 성문에서 가난한 자를 억울하게 하는 자로다."

에스겔 22장 29절은 "이 땅 백성은 포악하고 강탈을 일삼고 가난하고 궁핍한 자를 압제하고 나그네를 부당하게 학대하였으므로"라고 말한다.

많은 고대 문화와 현대 철학과 달리 성경은 빈곤을 하나님의 저주라고 여기지 않는다. 가난과 물질적 결핍은 결코 미화되지 않으며 본질적으로 선한 것이라고 여기지도 않는다. 어쩔 수 없이 수

긍해야 하는 좋은 것이라고도 여기지도 않는다. 다른 많은 고대 문화와 몇몇 현대 철학자들과 다르게, 성경은 부유한 것을 꼭 하나님의 축복이라고 생각하지 않는다. 그것은 어마어마한 영적인 함정이 될 수 있다. 그러나 부유한 사람들이 악마시되거나 본질적으로 억압적이라고는 결코 말하지 않는다. 그 누구도 단지 물질적으로 가난하기 때문에 또는 단순히 물질적으로 부유하기 때문에 죄 용서를 받거나 구원받는 것은 아니다.

9. 우리에게 자연스러운 성향은 당신과 비슷한 사람, 당신을 좋아하는 사람, 당신이 좋아하는 사람을 돕고 싶어하는 것이다. 특히, 당신과 비슷하지 않은 사람, 당신을 좋아하지 않는 사람, 당신이 좋아하지 않는 사람을 돕는 것은 당신에게 어떤 의미로 다가오는가?

하나님은 이스라엘에게 "너희와 함께 있는 거류민을 너희 중에서 낳은 자 같이 여기며 자기 같이 사랑하라 너희도 애굽 땅에서 거류민이 되었었느니라 나는 너희의 하나님 여호와이니라"(레 19:34)라고 말씀하셨다. 이스라엘 사람들은 이집트에서 이방인이자 억압받는 노예였고, 스스로 자유롭게 할 능력이 없었다. 하나님은 은혜와 능력으로 그들을 해방하셨다. 이제 그들은 힘이 적거나 자산이 적은 모든 사람들을 이웃으로 삼고 사랑과 정의와 자비를 베풀어야 한다. 그러므로 '공의를' 행하는 것의 기본은 은혜로 받은 구원이다.

그리스도인들은 불의와 빈곤의 문제에 대한 특정한 정치적 접근법에 대해 의견이 다를 수 있다. 그러나 모든 크리스천은 정의에 대한 열정이 특징이어야 한다. 개인적인 헌금, 희생, 나눔을 통해 불의를 개선하려는 인격적인 헌신이 특징이어야 한다.

10. 조나단 에드워즈가 가난한 자에게 구제하는 것의 중요성에 대해 설교한 적이 있었다. 설교를 들은 누군가가 나중에 반대 의견을 냈다. "가난한 사람을 도울 만큼 여유가 없습니다." 이에 에드워즈는 갈라디아서 6장 2절 말씀을 적용해서 답변했다.

많은 경우 우리는 복음의 규칙에 의해서, 다른 사람들에게 베풀어야 하는데 손해 보지 않고 할 수 있는 경우는 거의 없다. 만일 우리 이웃의 어려움과 필요들이 우리의 문제나 필요보다 훨씬 크거나 혹은 다른 방법으로는 그의 짐이 가벼워질 것 같지 않다는 것을 알게 될 때, 우리는 그와 함께 기꺼이 손해를 감수하려고 해야 한다. 그의 짐을 우리가 함께 나누어지도록 해야 한다. 그렇지 않다면 어떻게 서로 짐을 지라는 규칙이 성취될 수 있겠는가? 우리가 다른 사람들의 짐을 가볍게 할 의무가 결코 없고, 단지 우리가 짐을 나누어 지지 않고도 할 수 있는 일이라면, 우리가 아무 짐도 지지 않으면서, 과연 어떻게 이웃의 짐을 질 수 있겠는가?[82]

우리가 시간적 여유, 재정, 감정 자원을 갖고 사람들을 도와야 할 뿐만 아니라, 그것이 우리에게 짐이 될 때에도 베풀 수 있어야 한다는 말에 동의하는가? 이것은 당신과 당신의 그룹에 이것은 어떤 의미인가?

우리에게 짐이라고 느껴질 때까지 나누어 주어야 서로 짐을 지는 것이 된다. 당신의 상황에서 초과 시간, 재정, 정서 자원으로 뿐만 아니라 당신에게 부담이 될 때까지 돕는 것이 어떤 의미인지 토의하라. 실제적으로 접근하라.

영원
앞으로 다가올 세상

— 성경 본문 연구

이사야 60장 15-22절을 읽으라. 그리고 아래 질문들을 미리 살펴봄으로써 모임을 인도할 준비를 하라.

1. 이사야에 따르면(17-21절) 천국은 어떤 모습인가? 이 모습은 요한계시록 21장 1-4절, 22-27절과 어떻게 비교되는가?

   - 17절 : 도성[도시]이 금속 재질로 만들어질 것이다 - 금, 은, 놋, 철. 이것이 의미하는 것은 안전과 안정성이다. 요한계시록에서 도성[도시]은 보석으로 만들어진 것으로 묘사된다(계 21:18-21). 이는 또한 영구함을 의미한다.
   - 17-18절 : 화평과 공의가 있을 것이다. 강포와 황폐와 파멸이 다시 있지 않을 것이다. 21장 4절은 이 주제에 연결된다.
   - 19-20절 : 해와 달이 다시 필요하지 않을 것은 하나님의 영원한 빛과 영광이 도성 가운데 가득하기 때문이다. 이는 21장 23절에도 묘사되어 있다.

2. 미래의 하나님 나라에는 폭력이나 파괴가 없을 것이라는 지식이 우리에게 주는 도움은 무엇인가? 이것이 우리가 접촉하는 사람들이 우리 주변의 폭력과 파괴의 문제들을 대처하는데 어떤 도움이 될 수 있는가?

    그룹과 토론하라.

3. 본문에서 하나님은 다양한 방식으로 설명되고 다양한 이름으로 불린다. 이를 통해 하나님에 대해서 무엇을 배울 수 있는가? 그것은 그분과의 관계에 어떤 의미를 주는가?

    - 16절 여호와(the Lord)
    - 16절 구원자(your Savior)
    - 16절 구속자(your Redeemer)
    - 16절 야곱의 전능자(the Mighty One of Jacob)
    - 19절 영원한 빛(your everlasting light)
    - 19절 네 하나님이 네 영광이 되리니(your God will be your glory)

    지금은 이 과정을 통해 하나님에 대해 배운 것을 정리하는 좋은 시간이다. 이사야의 이 본문에 대한 주석에서, 존 오스왈트(John Oswalt)는 이렇게 말한다.

"이스라엘의 역사 내내, 하나님의 목적은 이스라엘이 하나님을 아는 것이었다. 이것은 성경신학에서 가강 감동적인 부분이다. 초월적인 창조자이며 우주에서 유일하게 자존하는 존재께서 그의 창조하신 백성에게 그를 알리기를 원하신다. 왜? 오직 그를 아는 것을 통해서만 우리가 창조된 목적에 손닿을 수 있는 가능성이 있기 때문이다.

그러므로 출애굽기를 통하여 하나님이 말씀하시기를 그들이 하나님을 아는 것이 순서이다. 약속의 땅에서 이스라엘 국가를 세우는 과정에서, 유배의 귀환에서, 메시아의 도래에서, 그리고 이제 모든 것의 정점이 되는 이 시대의 끝에서도 동일하다. 백성을 위한 하나님의 행동에서 무엇을 우리는 배울 것인가?

하나님은 구원자이며 구속자이다! 모든 만물은 창조주를 찬송하며 그분의 아름다움과 그의 질서와 그의 권능과 그의 진리를 소리 지른다. 그러나 피조물이 하나님의 길을 더럽히고 주님의 아름다움을 훼손하고 질서를 혼돈으로, 권능을 억압으로, 진리를 거짓말로 바꿀 때 하나님은 어떻게 하시겠는가? 우리를 버리실 것인가?

아니다. 그렇게 하지 않으신다. 하나님은 창조주이실 뿐만 아니라 - 그는 구원자이시다. 하나님, 야곱의 전능자는 종이신 메시아로 우리에게 찾아오셔서 죄, 실패, 죄책, 수치를 초월하는 방법들을 주신다."[83]

4. 리처드 마우(Richard Mouw)는 이렇게 썼다.

> 나의 직감은 하나님이 우리에게 내세에 대한 풍부하고 다양한 이미지의 창고를 주셨다는 것이다. 그 모든 것들은 우리의 현재 상상력을 뛰어넘는 방향으로 우리를 안내한다. 그리하여 우리 삶의 특별한 상황들 속에서 그들 중에 한두 개를 자유롭게 사용할 수 있다.[84]

> 어떤 상황에서 우리는 이사야 60장에 나오는 천국의 설명을 사용할 수 있겠는가? 당신이 과거에 영원에 대한 설명으로 사용한 것들은 어떤 것이며 그 이유는 무엇이었는가?

그룹과 토론하라.

— 팀 켈러의 핵심 메시지
이사야 60장 1-4절을 소리내어 읽으라

5. 당신에게 새롭거나, 감명 깊은 것은 어떤 것이 있었는가? 당신의 마음
   에 어떤 질문이 들었는가?

   그룹과 토론하라

6. 이사야 60장은 모든 민족과 모든 나라의 문화적 성취를 포괄하는 새
   예루살렘의 비전을 묘사하고 있다. 당신의 일의 어떤 측면이 이 최종
   적인 왕국에 포함된다고 생각하는가? 이것은 당신의 일에 대한 관점
   에 어떤 영향을 주는가?

   이 질문은 보건/의료, 법률/사법, 교육, 예술 및 기타 서비스 지향
   산업과 같은 일부 산업에서는 보다 쉽게 대답 할 수 있을 것이다.
   금융, 광고, 오락 등을 포함한 다른 분야에서 종사하는 사람들은
   답변이 보다 어려울 수도 있다.
   　그러나 우리가 새 예루살렘의 비전에 인류 번영이 완전한 아이
   디어로 포함되어 있다는 것을 인식하면 경제 성장과 번영이 비전
   의 일부임을 알 수 있다.
   　마찬가지로, 광고 및 엔터테인먼트는 아름다움, 갈망 및 기쁨

을 대중문화라고 부르는 것과 통합한다. 이러한 것들은 하나님의 새 창조의 사역(그리고 거기에 통합된 모든 인간 문화적 업적)을 존중하는 적절한 방법으로 받아들여지고 향유될 수 있다.

7. 여기에 묘사된 공동체는 완벽하게 샬롬이 회복된 곳이다. 교회가 이러한 공동체를 미리 맛보게 할 수 있는 것들은 무엇인가?

예를 들면 정의와 자비 사역, 서로 화해하는 급진적인 헌신, 용서, 통일, 부와 권력 공유, 질병과 굶주림에 대한 지원, 육체에 고통 받는 사람들과 환자들을 위한 도움 제공, 직무수행을 탁월성, 진실성, 사랑, 그리고 주변 사람들을 돕는 눈으로 하는 것 등이 있다. 이것은 지난 7주 동안 배운 모든 것을 복습할 수 있는 기회이다.

8. 하나님과 경쟁하는 당신을 위한 '영광'은 무엇인가? 하나님이 당신의 유일한 영광과 영원한 광명이라면 삶에 어떤 변화가 생길 것인가?

그룹과 토론하라.

375

9. 이제 당신은 이 책의 모든 과정을 마쳤다. 잠시 몇 분 동안 당신의 설명를 다시 살펴보고 그룹에게 당신이 변화되거나 영향 받은 한 가지를 나누도록 하자(이유도 설명하라). 함께 새롭게 발견한 것과 깨달은 것들에 대해 기도하라.

사람들의 대답을 기록해 두고 기도하도록 하라. 그룹 멤버들도 동일하게 할 수 있도록 격려하라.

― 함께 기도하기

우리가 새 예루살렘에 대해 가진 놀라운 비전에 대해 하나님께 감사하라. 이 비전이 당신과 당신의 공동체를 통해 실천되도록 기도하라. 당신의 도시와 지역을 위한 하나님 나라의 계획들과 목적들에 대한 통찰을 주시도록 간구하라. 주님의 계획과 일치하도록 기도하라.

여덟 개의 과에서 당신이 배운 모든 것들을 삶에서 실현할 수 있도록 기도하라. 당신의 마음과 공동체와 세상을 지속적으로 변화시키는 삶을 추구하도록 기도하라.

— 평가

8과를 마치면, 그룹 멤버들과 개별적으로 만나는 일정을 잡아서 그들의 다음 과정을 상의하고 그들의 계획에 대해서 함께 기도하는 시간을 가지라.

당신이 만날 때, 그들의 복음 자기측정 진단지를 검토하라. 8과를 하는 동안 마쳤어야 한다. 이 과정 동안 복음의 이해가 그들의 삶에 어떤 변화를 가져왔는지 질문하라.

흔한 질문의 예

- 은혜 및 그리스도 안에서 새로운 정체성에 대한 그들의 이해
- 그리스도인의 삶에서 죄와 우상숭배의 본성과 역할
- 왜 그리스도인들이 공동체로 살도록 소명을 받았는지
- 돈, 성, 권력에 대한 하나님의 관점에 순복하는 것이 무엇을 의미하는지
- 우리의 시간, 에너지, 재정, 자원들을 집, 일터, 세상에서 사용할 때 영원의 관점을 가지는 것이 어떻게 나타나는지

그들이 구체적이고 실용적인 계획을 만들도록 도우라. 그리하여 이 과정에서 배운 것을 실천할 수 있게끔 도우라.

그들에게 다음을 격려하라.

- 그들의 죄뿐만 아니라 그들의 이른바 의도 회개하는 것을 기억하기
- 그들의 삶에서 우상을 분별하고 쫓아내기 위해 정기적으로 기도하기
- 이 과정에서 배운 것을 실천하도록 서로 격려할 수 있는 사람들을 찾기
- "믿음의 진보와 기쁨을"(빌 1:25) 계속하도록 도움이 되는 다른 성경 공부 과정에 참여하거나 독서 목록을 만들기
- (모임에 참여하는 것이 없다면) 모임에 참여해서 정기적으로 함께 시간을 보내고 성경을 공부하고 기도하기
- 공동체를 세우는 습관들 중에서 어떤 것들을 더 잘 적용하는 것이 필요한지 기도하고 실천하기
- 주일에 교회 사역에 참여하기
- 비그리스도인 친구들과 동료들을 교회나 교회 행사에 꾸준하게 초대할 수 있는 방법을 생각하기
- 교회 개척을 어떻게 지원할 것인지 생각하기
- 그들이 사는 도시에 대해 생각하고 어떻게 이 도시를 섬기고 사랑할지 생각하기
- 어떤 형태의 정의 사역 또는 자비 사역에 참여하기
- 그들의 일에 대해 "세계관적으로" 생각하기. 6과 홈 스터디 〈표 6〉에 있는 질문들을 하고 다른 그리스도인들이 토론할 수 있도

록 돕기. 그들이 일터에서 (1)사람들을 섬기고, (2)사회를 섬기고, (3)그리스도를 증거하는 직접적인 기회들에 대해서 생각하도록 돕기

--- PART 1

Chapter 1

1. Rodney Stark, 《기독교의 발흥》(*The Rise of Christianity*)

2. J.N. Manokaran, *Christ and Cities: Transformation of Urban Centres*(India: Mission Educational Books, 2005), 13.

3. 이 예시는 딕 루카스 (Dick Lukas) 목사에게 가져온 것이다. 그는 런던에서 성 헬렌 교회 (St. Helen's Church)의 담임목사로 섬겼다.

4. 이 예화는 찰스 스펄전에게서 가져온 것이다. 그는 영국의 설교자이며 저자이다(1834-1892).

5. 마르틴 루터, 선행에 대한 논문 (Whitefish, Mont.: Kessinger, n.d.), Part XI, 20,

6. 존 칼빈, 《기독교 강요》, 3권, 18부, 17장.

7. 존 칼빈, 《교회 개혁의 필요성》, 신학 논문집, J. K. S. Reid 편집 및 번역, *The Library of Christian Classics* (Louisville: WJKP, 1954), 199.

8. 마르틴 루터, 《갈라디아서 주석》(Grand Rapids, Mich.: Kregel, 1979), xv.

9. 위의 책, xvi.

10. 위의 책, xvi-xviii.

11. 조나단 에드워즈는 "보편 미덕"과 "참된 미덕"의 이슈를 그의 저서 *Miscellanies*와 《사랑과 그 열매》(*Charity, Its Fruits, Concerning the End for Which God Created the World*, 청교도신앙사 역간), 그리고 《참된 미덕의 본질》(*The Nature of True Virtue*, 부흥과개혁사 역간)에서 다루고 있다. 그는 또한 《신앙감정론》(*Religious Affections*, 부흥과개혁사 역간)에서 관련된 많은 이슈들에 대해 이야기했다.

12. 조나단 에드워즈, 《사랑과 그 열매》(*Charity, Its Fruits, Concerning the End for Which God Created the World*, New Haven: Yale, 1989 , 청교도신앙사 역간) 179-180

13. 조나단 에드워즈, 《신앙감정론》(*Religious Affection*, ed. John E. Smith, New Haven: Yale, 1959), 243, 248.

14. Richard F. Lovelace, *Dynamics of Spiritual Life: An Evangelical Theology of Renewal*(Downers Grove, Ill.: InterVarsity Press, 1979), 101.

15. Martin Luther, "Disputation of Doctor Martin Luther on the Power and Efficacy of Indulgence" (1517), Thesis 1.

16. George Whitefield, 다음에서 인용: Arnold A. Dallimore, *George Whitefield: The Life and Times of the Great Evangelist of the 18th Century Revival*, 2 Vol. (Carllisle, Penn.: Bannert of Truth Trust, 1970), 1:140.

--- PART 2

Chapter 2

17. John Stott, *The Message of Galatians* (Chicago: IVP, 1968), 60 (IVP 역간).

Chapter 3

18. Richard Keyes, "The Idol Factory" in *No God but God: Breaking with the Idols of Our Age*, ed. Os Guinness and John Steel (Chicago; Moody Press, 1992), 31.

19. Martin Luther, A Treatise on Good works (Whitefish, Mont.: Kessinger, 1520), Part X, 18. 마르틴 루터, 《선행에 관하여》.

20. Rebecca Manley Pippert. *Out of the Saltshaker and into the World* (Downers Grove, Ill.: InterVarsity Press. 1979). 53. 레베카 피펏, 《빛으로 소금으로》, IVP 역간

21. 바울, 베드로, 요한, 야고보가 쓴 것에 대하여 다음의 핵심 구절들을 보라. 갈라디아서 5:16b; 에베소서 2:3 및 4:22; 베드로전서 2:11과 4:2; 요한일서 2:16; 야고보서 1:14b. 여기에서 에피쑤미아이는 인간의 모든 잘못을 나타내는 단어이다.

22. David Powlison, "Idols of the Heart and 'Vanity Fair'." *The Journal of Biblical Counseling*, Volume 13, Number 2 (Winter 1995): 36. 데이비드 폴리슨, "마음의 우상들과 허영의 시장", 《성경적 상담 연구》 13권 2호 (1995 겨울).

23. Thomas C. Oden, *Two Worlds: Notes on the Death of Modernity in America and Russia* (Downers Grove, Illl: InterVarsity Press, 1992), 94-95.

24. Richard Keyes, "The Idol Factory" in *No God but God: Breaking with the Idols of Our Age*, ed. Os Guinness and John Seel (Chicago: Moody Press, 1992), 32-33.

25. Thomas Chalmers, "The Explusive Power of a New Affection" in *The Protestant Pulpit*, ed. Andrew W. Blackwood (New York: Abingdon Press, 1947), 52-56.

26. John Calvin, *Institutes of the Christian Religion*, Battles Edition, Book 1, Chapter XI, Section 8 (Philadelphia: Westminster Press, 1960), 108.

27. 이 인용구는 윌리엄 템플 경이 했다고 한다. 영국의 외교관이자, 정치인이었으며, 평론가이며 저자였다 (1628-1699).

28. Vinoth Ramachandra, *Gods That Fail* (Downers Grove, Ill.: IVP, 1996), 115.

--- PART 3

Chapter 4

29. 다음에서 인용. Randy Frazee, *The Connecting Church: Beyond Small Groups to Authentic Community* (Grand Rapids. Mich.: Zondervan, 2001), 46-47.

30. John Stott, *The Message of 1 and 2 Thessalonians* (Downers Grove, Ill: IVP, 1991), 115. 존 스토트, 《데살로니가전후서 강해》, IVP 역간

31. Dietrich Bonhoeffer, *Life Together* (New York: Harper, 1954), 97-98. 디트리히 본회퍼, 《성도의 공동생활》 복있는사람 역간.

32. Craig Blomberg, *Neither Poverty Nor Riches: A Biblical Theology of Possessions* (Lelcester, England: Apollos, 1989), 145. 크레이그 블롬버그, 《가난하게도 마옵시고 부하게도 마옵시고》 IVP 역간

33. Dietrich Bonhoeffer, Life Together (New York: Harper, 1954), 99. 디트리히 본회퍼, 《성도의 공동생활》, 복있는사람 역간.

34. Eugene Peterson, *Christ Plays in Ten Thousand Places* (Grand Rapids, Mich. Eerdmans, 2005), 239. 유진 피터슨, 《현실, 하나님의 세계》, IVP 역간.

35. Dietrich Bonhoeffer, *Life Together* (New York, Harper: 1954), 110-116. 본 회퍼, 《성도의 공동생활》 복있는사람 역간

36. D. A. Carson, *Love In Hard Places* (Wheaton, Ill.: Crossway, 2002), 61.

Chapter 5

37. William Lane, *Word Biblical Commentary: Hebrews 9-13* (Dallas, Tex.: Word Books, 1991), 512-513. 윌리암 레인, 《WBC 성경주석: 히브리서 (하)》, 솔로몬 역간.

38. Lesslie Newbigin, *Proper Confidence: Faith, Doubt and Certainty in Christian Discipleship* (Grand

Rapids, Mich.: Eerdmans, 1995), 39. 레슬리 뉴비긴, 《타당한 확신: 기독교 제자도의 믿음 의심 그리고 확실성》, SFC출판부 역간.

39. Bishop Frank Retief, 다음에서 인용, *Multiplying Churches edited by Stephen Timmis* (Ross-shire, Scotland: Christian Focus Publications, 2000), 97.

40. Peter Wagner. *Strategies for Church Growth* (Ventura, Calif.: Regal, 1987), 168-169.

--- PART 4

Chapter 6

41. Abraham Kuyper, *A Centennial Reader*, edited by James D. Bratt (Grand Rapids, Mich.: Eerdmans, 1998), 488.

42. Lamin Sanneh, *Translating the Message: The Missionary Impact on Culture* (New York: Orbis Books, 1989).

43. N.T. Wright, *The Challenge of Jesus* (Downer's Grove, Ill.: IVP, 1999), 196. N.T. 라이트, 《Jesus 코드: 역사적 예수의 도전》, 한국성서유니온 역간).

44. J. Shulevitz, "Bring Back the Sabbath" New York Times Magazine (March 2, 2003).

Chapter 7

45. Timothy J. Keller, *Ministries of Mercy* (Phillipsburg, N.J.: P&R Publishing, 1989), 60-83. 팀 켈러, 《여리고 가는 길》, 비아토르 역간.

46. 다음에서 인용, Rodney Stark, *The Rise of Christianity* (San Francisco: Harper, 1997), 84. 로드니 스타크, 《기독교의 발흥》, 좋은 씨앗 역간.

47. 위의 책, 82-83쪽.

48. Benjamin E. Fernando, "The Evangel and Social Upheaval (part 2)", in *Christ Seeks Asia*, ed. W.S. Mooneyham (Charlestown, Ind.: RockHouse, 1969), 118-119.

49. Jonathan Edwards, *The Works of Jonathan Edwards* (Edinburgh: Banner of Truth, 1834), Volume 2, 171.

PART 5

Chapter 8

50. Harvie Conn, Planting and Growing Urban Churches (Grand Rapids, Mich.: Baker, 1997), 202. 하비 콘, 《도시교회 개척부터 폭발적인 성장까지》, 서로사랑 역간.

51. John Stott, *The Message of Acts in Bible Speaks Today series* (Downers Grove, Ill.: IVP, 1990), 293. 존 스토트, 《사도행전강해》, IVP 역간.

52. John Calvin. *Institutes of the Christian Religion, Battles Edition*, Book 3, Chapter XXV. Section 1 (Louisville: Westminster Press, 1960), 987-988.

53. 위의 책, Section 10. 1004-1005

54. Martin Luther, *The Table Talk of Martin Luther*, translated by William Hazlitt (London: Bell & Daldry, 1872), 322-323. 마르틴 루터, 《탁상 담화》, 컨콜디아서 역간.

55. 조나단 에드워즈의 설교로부터: Heaven, a World of Love, source: htlp://Www.biblebb.com/files/edwards/charity16.htm

56. Richard J. Mouw. *When the Kings Come Marching In* (Grand Rapids, Mich.: Eerdmans, 2002), x.

--- 인도자 지침

57. Derek Kidner, *The Message of Jeremiah* (Downers Grove, Ill.: IVP, 1987), 100.

58. 로드니 스타크, 《기독교의 발흥》, 좋은씨앗 역간.

59. J. N. Manokaran, *Christ and Cities: Transformation of Urban Centres* (India: Mission Educational Books, 2005), 13.

60. Roger Greenway, "World Urbanization and Missiological Education", in *Missiological Education for the 21st Century* (NewYork: Orbis, 1996), 145-146.

61. Thomas Watson, *The Doctrine of Repentance* (Carlisle, Penn.: Banner of Truth, 1668), 18. 토마스 왓슨, 《회개》, 복있는사람 역간.

62. John Stott, *The Message of Galatians* (Chicago: IVP, 1968), 60. 존 스토트, 《갈라디아서》, IVP 역간.

63. John Calvin, *Institutes of the Christian Religion*, Battles Edition, Book 1, Chapter XI, Section 8(Philadelphia: Westminster Press, 1960), 108.

64. 이 인용구는 윌리엄 템플 경이 했다고 한다. 영국의 외교관이자, 정치인이었으며, 평론가이며

저자였다(1628-1699).

65. Martin Luther, *A Treatise on Good Works* (Whitefish, Mont. :Kessinger, n. d.)

66. Vinoth Ramachandra, *Gods That Fail* (Downers Grove, Ill. : IVP, 1996), 115.

67. 위의 책.

68. G. K. Beale, *We Become What We Worship: A Biblical Theology of Idolatry* (Downers Grove, Ill. : IVP, 2008), 302-308. 그레고리 K. 비일, 《예배자인가 우상숭배자인가》, 새물결플러스 역간.

69. D. A. Carson, *Love In Hard Places* (Wheaton, Ill. : Crossway, 2002), 61.

70. 정확한 인용구는 이렇다. "Love anything, and your heart will certainly be wrung and possibly be broken. If you want to make sure of keeping it intact, 194 you must give you heart to no one, not even to an animal." C. S. Lewis, The Four Loves(New York: Harcourt, Brace,1960), 121.

71. 이러한 지침에 대한 성경적 근거와 설명에 대해서는 다음의 글을 읽으라. John Piper, "Six Biblical Guidelines for Loving Each Other Amid Differences." DesiringGod:www. desiringgod. org/ResourceLibrary (August 4, 2009) 존 파이퍼, '다른 사람들 사이에서 서로 사랑하기 위한 여섯 가지 성경적 지침', Desring God 웹사이트.

72. Lesslie Newbigin, *Proper Confidence: Faith, Doubt and Certainty in Christian Discipleship* (Grand Rapids, Mich. : Eerdmans, 1995), 39. 레슬리 뉴비긴, 《타당한 확신》, SFC출판부 역간.

73. Lesslie Newbigin, *The Gospel in a Pluralistic Society* (Grand Rapids, Mich. : Eerdmans, 1989), 209-210. 레슬리 뉴비긴, 《다원주의 사회에서의 복음》, IVP 역간.

74. Bishop Frank Retief, 다음에서 인용: *Multiplying Churches* edited by Stephen Timmis(Ross-shire, Scotland: Christian Focus Publications, 2000), 97.

75. C. Peter Wagnern, *Strategies for Church Growth* (Ventura, Calif. : Regal, 1987), 168-169.

76. Lyle Schaller, "Why Start New Churches?" in The Circuit Rider, May 1979, 3. Quoted in Donald Anderson McGavran and George G. Hunter Ill, *Church Growth: Strategies That Work* (Nashville: Abingdon, 1980), 100.

77. 다음의 챕터에서 가져옴. "The Now and the Not Yet," John Stott, *The Contemporary Christian* (Downers Grove,Ill. : IVP, 1992). 존 스토트, 《시대를 사는 그리스도인》, IVP 역간.

78. J. ShuIevitz, "Bring Back the Sabbath" *New York Times Magazine* (March 2, 2003).

79. 다음에서 인용, Rodney Stark, *The Rise of Christianity* (San Francisco: Harper, 1997), 84. 로드니 스타크, 《기독교의 발흥》, 좋은 씨앗 역간.

80. 위의 책, 82-83쪽.

81. Benjamin E. Fernando, "The Evangel and Social Upheaval (part 2)", in *Christ Seeks Asia*, ed. W.S. Mooneyham(Charlestown, Ind. : RockHouse,1969),118-119.

82. Jonathan Edwards, *The Works of Jonathan Edwards* (Edinburgh: Banner of Truth,1834), Volume 2,

171.

83. John N. Oswalt, The Book of Isaiah Chapters 40-66, *The New International Commentary on the Old Testament 228* (Grand Rapids, Mich.: Eerdmans, 1998), 553 존 오스왈트, 《이사야》. 2(NICOT), 부흥과개혁사 역간.

84. Richard J. Mouw, *When the Kings Come Marching In* (Grand Rapids, Mich.: Eerdmans, 2002), x.

Grace
Changes
Everything